MukhammadKarim Ismailov
Samandar Siddiqjanov

Problems of economic efficiency of enterprises and the basis for its development

Проблемы экономической эффективности предприятий и основы ее развития.

© MukhammadKarim Ismailov

Problems of economic efficiency of enterprises and the basis for its development

By: MukhammadKarim Ismailov,
Samandar Siddiqjanov

Edition: July '2024

Publisher:
Taemeer Publications LLC (Michigan, USA / Hyderabad, India)

ISBN 978-93-5872-187-4

© MukhammadKarim Ismailov

Book	:	Problems of economic efficiency of enterprises and the basis for its development
Author	:	MukhammadKarim Ismailov, Samandar Siddiqjanov
Publisher	:	Taemeer Publications
Year	:	'2024
Pages	:	150
Title Design	:	*Taemeer Web Design*

В этой книге обсуждаются вопросы эффективности работы лабораторий, а также приводятся экономические концепции и информация.

Авторы:

Мухаммадкарим Исмаилов – преподаватель Наманганского инженерно-строительного института.

Самандар Сиддикжанов – студент Наманганского инженерно-строительного института.

Рецензент:

Мусахан Исаков - кандидат экономических наук, (PhD)

СОДЕРЖАНИЕ

ВВЕДЕНИЕ

ГЛАВА I. ЭФФЕКТИВНОСТЬ ПРОМЫШЛЕННОГО ПРОИЗВОДСТВА
1.1 Понятие эффективности промышленного производства.
1.2 Социально-экономическая значимость промышленного производства.

ГЛАВА II. ПОВЫШЕНИЕ СОЦИАЛЬНО-ЭКОНОМИЧЕСКОЙ ЭФФЕКТИВНОСТИ ИНДУСТРИАЛЬНОЕ ПРОИЗВОДСТВО.
2.1 Узбекский опыт повышения социально-экономической эффективности
Индустриальное производство.
2.2 Зарубежный опыт повышения социально-экономической эффективности промышленного
производство.

ГЛАВА III. ПОНЯТИЕ ОЦЕНКИ ЭФФЕКТИВНОСТИ ДЕЯТЕЛЬНОСТИ ПРЕДПРИЯТИЯ.
3.1 Понятие эффективности предприятия и история его возникновения.
3.2 Виды анализа и оценки деятельности предприятия.

ГЛАВА IV. ЦЕННОСТЬ И ОПЫТ КОМПЛЕКСНОЙ ОЦЕНКИ ЭФФЕКТИВНОСТИ ДЕЯТЕЛЬНОСТИ ПРЕДПРИЯТИЯ.
4.1 Экономическая необходимость комплексной оценки деятельности предприятия.
4.2 Зарубежный опыт комплексной оценки предпринимательской деятельности.

ЗАКЛЮЧЕНИЕ

ВВЕДЕНИЕ

Президент Шавкат Мирзиёев отметил, что в сельском хозяйстве имеются большие резервы, и за счет этого сектора можно быстрыми темпами развивать текстильную, пищевую и кожевенно-обувную промышленность, перерабатывающую промышленность. Чиновникам сообщили о мерах, которые будут реализованы в следующем году в рамках стратегии развития сельского хозяйства на 2020-2030 годы.

Широкое развитие различных форм промышленного производства, в том числе расширение его сотрудничества с крупными промышленными предприятиями, является приоритетным в решении задач по обеспечению стабильного роста занятости и доходов населения республики. Укрепление кооперативных связей между крупными промышленными предприятиями и домовладельцами решает важную задачу увеличения доходов семейного бюджета, позволяет резко сократить численность безработного населения и привлечь его активную часть к производству. При этом обеспечивается право расчета трудового стажа надомников и назначения им пенсионного и социального страхования.

Развитие семейного контракта на основе поставок необходимого сырья и материалов на промышленные предприятия создает возможность гражданам эффективно использовать свое время и в то же время освоить производство отдельных видов малорентабельных и трудоемких товаров. интенсивные продукты внутри страны, что, в свою очередь, помогает крупным предприятиям повысить эффективность своей работы. На данный момент, в период интенсивной глобализации, становления рыночных отношений, интеграции страны в мировое сообщество, роста роли информации в экономической системе, новых технологий, укрепления связей между рынками капитала требуют перехода экономики на путь инновационного развития.

Важно изучать опыт развитых и развивающихся стран мира, а также выбирать путь инновационного развития с учетом богатых природных и социальных ресурсов, производственного и научно-технического потенциала нашей республики. В частности, чтобы максимально организовать развитие нашей страны, прежде всего, необходимо уделить серьезное внимание эффективному использованию инновационного и научно-технического потенциала. В связи с этим необходимо создать законодательную базу для формирования комплексной инновационной политики нашей страны. Для эффективной организации и развития инновационной деятельности необходимо разработать систему стратегических и тактических мер этой деятельности. Известно, что разработка этой системы ведется только на научных основаниях. Поэтому специалистам, работникам соответствующей сферы необходимо знать практику организации и управления инновационной деятельностью, стратегические правила, особенности формирования и реализации инновационной политики.

Важно изучать опыт развитых и развивающихся стран мира, а также выбирать путь инновационного развития с учетом богатых природных и социальных ресурсов, производственного и научно-технического потенциала нашей республики. В частности, чтобы максимально организовать развитие нашей страны, прежде всего, необходимо уделить серьезное внимание эффективному использованию инновационного и научно-технического потенциала.

В связи с этим необходимо создать законодательную базу для формирования комплексной инновационной политики нашей страны. Для эффективной организации и развития инновационной деятельности необходимо разработать систему стратегических и тактических мер этой деятельности. Известно, что разработка этой системы ведется только на научных основаниях. Поэтому специалистам, работникам соответствующей сферы необходимо знать практику организации и управления инновационной деятельностью, стратегические правила, особенности формирования и реализации инновационной политики.

Масштабные реформы, реализованные в нашей стране за годы независимости, стали важным фундаментом укрепления национальной государственности и суверенитета, безопасности и правопорядка, нерушимости границ нашей страны, верховенства закона в обществе, прав и свобод человека, атмосфера межэтнического согласия и религиозной толерантности. , создали необходимые условия для того, чтобы наш народ жил достойной жизнью, реализовывал творческий потенциал наших граждан.

На данный момент, в период интенсивной глобализации, становления рыночных отношений, интеграции страны в мировое сообщество, роста роли информации в экономической системе, новых технологий, укрепления связей между рынками капитала требуют перехода экономики на путь инновационного развития. Важно изучать опыт развитых и развивающихся стран мира, а также выбирать путь инновационного развития с учетом богатых природных и социальных ресурсов, производственного и научно-технического потенциала нашей республики. В частности, чтобы максимально организовать развитие нашей страны, прежде всего, необходимо уделить серьезное внимание эффективному использованию инновационного и научно-технического потенциала.

Под руководством главы нашего государства Шавката Мирзиёева в нашей стране проводится разумная политика, направленная на адекватную оценку и повышение активности и эффективности предприятий. В частности, только за прошлый год был введен ряд стимулов для повышения эффективности бизнеса, открытия бизнеса, помощи малообеспеченным предприятиям или отдаленным районам «встать на ноги» и выйти на новые экспортные рынки. В 2021 году их общий объем составил 51 трлн сумов. В результате в прошлом году было открыто 170 тысяч новых хозяйствующих субъектов, создано более 500 тысяч рабочих мест.

За последние шесть лет только в налоговом секторе было предоставлено около 1400 льгот. Только в 2021 году на поддержку экспорта выделено более 280 миллиардов сумов таких субсидий, из них около 220 миллиардов направлено на транспортные расходы при экспорте. В результате 2800 предприятий впервые вышли на внешний рынок. Кроме того, предприятиям-экспортерам частично возмещаются расходы на международную стандартизацию и сертификацию, страхование и даже рекламу. В результате на каждый сум субсидии, предоставленной в электротехнической отрасли, пришлось экспорта на сумму 870 сумов. Этот показатель составил 555 сумов в сфере текстиля и 273 сума в сфере строительных материалов. В помощь предпринимателям создана система компенсации процентов по кредитам и гарантий по кредитам. В целях снижения кредитной нагрузки в Фонд поддержки предпринимательской деятельности в этом году поступили обязательства на сумму 6,1 трлн сумов, выплачено компенсаций на сумму 2,5 трлн сумов.

Фонд поддержки предпринимательства и Акционерное общество «Компания развития предпринимательства» изучают эффективность многих предприятий, действующих в нашей стране, и основные экономические факторы, влияющие на их эффективность, работают положительно. С сентября 2023 года по настоящее время этими двумя организациями выделена поддержка 1780 низкоэффективных предприятий, при этом оценена эффективность почти 2000 организаций малого бизнеса, и правительство нашей страны рассматривает вопрос о выделении соответствующих льгот.

ГЛАВА I. ЭФФЕКТИВНОСТЬ ПРОМЫШЛЕННОГО ПРОИЗВОДСТВА

1.1 Понятие эффективности промышленного производства.

Эффективность производства характеризуется соотношением экономической деятельности, экономических программ и мероприятий в масштабе предприятия к факторам производства и затратам ресурсов, которые приводят к достижению наибольшего объема производства с использованием ресурсов определенной стоимости. Эффективность производства показывает конечный результат деятельности компании. Количественно эффективность производства можно измерить количеством труда, затраченного на производство продукта, но точное измерение трудоемкости гораздо сложнее. Следовательно, эффективность производства – это эффективность использования трудовых ресурсов; определяется показателями эффективности использования средств производства и капитала. Общим показателем эффективности производства на предприятиях является увеличение темпов производства продукции, кроме него, объема выпуска продукции на единицу денежных затрат, отношения балансовой прибыли к сумме основных и оборотных фондов, а также полного Важное значение имеют стоимостные показатели. Используются также такие показатели, как темпы роста производительности труда, экономия труда, вклад производительности труда в рост выпуска продукции. Эффективность производства формируется за счет технической эффективности (объема производства), экономической эффективности (производительности труда, трудовых ресурсов, основных фондов, оборотных средств), социальной эффективности (материальных ресурсов, прибыли).

Продолжительность цикла, производительность и объем качественной продукции — три основных показателя, измеряющих эффективность производства.

Отслеживая эти показатели, производители могут определить области, требующие улучшения, и внести необходимые коррективы для повышения эффективности и производительности.

Время цикла (время цикла) — это время, необходимое для завершения одного цикла производственного процесса от начала до конца. Например, компания по производству автомобилей имеет линию сборки автомобилей, на производство одной машины уходит 3 минуты. Они делают это, измеряя время цикла, необходимое для каждого произведенного автомобиля, и суммируя это значение для сборочной линии, чтобы найти среднее время цикла, равное 3 минутам. Через некоторое время компания решает оптимизировать процесс, внедрив новую технологию, и после этих изменений обнаруживается, что среднее время цикла сократилось до 2,5 минут. В результате, если раньше за 30 минут с конвейера сходили 10 автомобилей, то теперь за это же время можно производить больше продукции (12 автомобилей).

Производительность измеряется количеством продукции, производимой в единицу времени. Например, завод по переработке пищевых продуктов производит 1000 единиц продукции в день. Когда они измеряют производительность, они обнаруживают, что она составляет 1000 единиц в день. Позже решено повысить эффективность за счет автоматизации некоторых производственных процессов. После этих изменений установлено, что производительность увеличилась на 1200 штук в день. Как и в приведенном выше примере, компания теперь может обрабатывать больше продуктов за тот же промежуток времени. Это, в свою очередь, увеличивает доходы компании.

Объем качественной продукции (выход) представляет собой отношение произведенной качественной продукции к общему объему произведенной продукции и измеряется в процентах. Другой пример — завод полупроводников, производящий 100 000 микрочипов в неделю. При измерении объема качественной продукции установлено, что 3000 изделий являются бракованными. Таким образом, объемный показатель качества продукции составляет 97%. Позже на заводе внедряются новые методы контроля качества продукции, что позволяет сократить количество бракованной продукции. В результате объемный показатель качества продукции увеличивается до 99%.

Огромную роль в производстве продукта играет использование оборудования. Это разновидность экономических инвестиций.

Для измерения использования оборудования можно использовать два основных показателя: время безотказной работы оборудования и общая эффективность оборудования. Отслеживая эти показатели, производители могут выявлять проблемы с оборудованием, улучшать техническое обслуживание и повышать коэффициент использования оборудования.

Время безотказной работы оборудования измеряется отношением времени его работы к общему доступному времени.

Общая эффективность оборудования (ОЕЕ) — это показатель того, насколько хорошо используется оборудование с учетом таких факторов, как доступность, производительность и качество. Необходимую информацию о том, как его использовать, вы можете получить из отдельной статьи на эту тему. Краткий пример практического применения: на текстильной фабрике есть ткацкий станок, производящий 600 метров ткани в час. Когда инженеры-технологи измеряют общую эффективность оборудования (OEE), они обнаруживают, что она составляет 70%. Как всегда, проанализировав соответствующие данные, инженеры определяют, что основными причинами низкого OEE являются медленная реконфигурация (переналадка) и отказ оборудования. Они решают внедрить систему сброса и программу профилактического обслуживания. После внедрения этих изменений общий показатель эффективности оборудования (OEE) увеличивается до 80%. Благодаря этому достигается производство большего количества тканевых изделий лучшего качества.

Охрана труда – мероприятия, направленные на сохранение безопасности, здоровья и трудоспособности человека в трудовом процессе. Социально-экономические, организационные, технические, санитарно-гигиенические, лечебно-профилактические мероприятия, применяемые в трудовом процессе, определяются нормативными документами. Задачами охраны труда являются обеспечение безопасности, здоровья и трудоспособности работающего человека, создание здоровых условий труда, предупреждение риска профессиональных заболеваний, предотвращение травматизма на производстве.

Качество продукции и безопасность труда. Производители обычно используют три ключевых показателя, описанных ниже, для измерения качества продукции и безопасности на рабочем месте. Отслеживая эти показатели, они могут выявлять проблемы с качеством, улучшать процессы и обеспечивать безопасную рабочую среду для сотрудников.

Доработка — процент продукции, требующей дополнительной обработки для соответствия стандартам качества. Этот показатель также измеряется в процентах. Приведем пример того, как его можно использовать на практике. Строительная компания строит жилой дом. Когда они подсчитали уровень вторичной переработки в строительстве, они обнаружили, что он составляет 10%. Дальнейшее расследование показывает, что основная причина заключается в том, что коммуникация между командами компании неудовлетворительна. Тогда руководство компании решает внедрить новую программу управления проектами и начинает проводить регулярные встречи между командами для улучшения коммуникации. После этих изменений процент переделок снизится до 5%. В результате время и ресурсы компании экономятся за счет того, что задачи выполняются правильно с первого раза.

Уровень брака в производстве определяется отношением количества продукции, признанной непригодной к использованию или выброшенной в качестве отходов в процессе производства, к общему объему произведенной продукции. Этот показатель измеряется в процентах, и насколько он полезен на практике, мы можем увидеть на следующем примере.

Компания по производству металлоконструкций поставляет металлические детали для авиационной промышленности. Компания определяет, что объем отходов в производственном процессе составляет 5%. При дополнительном осмотре установлено, что металлические пластины на станках режутся неправильно из-за их незначительного смещения. Менеджеры компании решают инвестировать в новые прецизионные станки для резки металла и разработать новую программу обучения операторов. После этих изменений доля отходов снизится до 2%. В результате предприятие сможет производить более качественную продукцию и сократить отходы сырья.

Коэффициент несчастных случаев на производстве (инвентаризация) – это количество несчастных случаев в единицу времени. Например, химическая компания производит химикаты для фармацевтической промышленности. Когда группа по безопасности на рабочем месте измеряет количество несчастных случаев, они обнаруживают, что на 100 работников приходится 0,5 несчастных случаев в год. Анализ показывает, что основной причиной является отсутствие необходимой подготовки работников. Они решают инвестировать в новую программу обучения сотрудников и проводить регулярные совещания по технике безопасности на рабочем месте. В результате количество несчастных случаев снизится до 0,2 на 100 работников в год, а компания обеспечит более безопасные условия труда для своих сотрудников.

В бумажной промышленности переработка бумаги более эффективна, чем производство новой бумаги из деревьев. Потому что для переработки требуется меньше водных и энергетических ресурсов.

При этом отходов будет меньше. Фактически переработка одной тонны бумаги позволяет сэкономить 17 деревьев, 26 тысяч литров воды, 3 кубометра земли и 2 барреля нефти. При этом средний уровень переработки в ИТ-секторе составляет около 25%. Это указывает на то, что четверть всех проектов по разработке программного обеспечения задерживаются и требуют дополнительных ресурсов для решения проблем.

По данным исследования Международной организации труда (МОТ), уровень несчастных случаев в США составляет 3,5 на 100 000 работников по сравнению с 2,2 на 100 000 работников в Европейском Союзе. Это подчеркивает важность понимания законов и практики в области безопасности труда разных стран, чтобы эффективно снизить уровень инцидентов и создать более безопасную рабочую среду.

Сырье – полезные ископаемые и другие природные ресурсы, добытые на рудниках, продукция, произведенная из них и требующая дальнейшей переработки. В широком смысле под сырьем понимается предмет труда, изменившийся под влиянием труда и нуждающийся в дальнейшей переработке.

Если есть три основных показателя в сырье-товарном управлении запасами и логистике. К ним относятся оборачиваемость товарно-сырьевых запасов, время доставки заказа и процент своевременной поставки продукции. Контролируя эти показатели, производители могут оптимизировать склады сырья, улучшить взаимоотношения с поставщиками и удовлетворить потребности клиентов.

Оборачиваемость запасов – помогает определить, насколько эффективно производители используют свои запасы. Она определяется путем деления стоимости реализованных товаров на среднюю стоимость сырья-товаров, хранящихся в резерве за тот же период. Пример использования на практике. Когда розничный магазин одежды измеряет количество оборачиваемости своих запасов, он обнаруживает, что этот показатель составляет 4 раза в год. После анализа данных выясняется, что на складах слишком много «медленно ходовых» (низкопродаваемых) товаров. Затем сотрудники магазина решают оптимизировать свои запасы, уделяя больше внимания «быстроходным» (высокопродаваемым) товарам и сокращая количество «медленно оборачивающихся» товаров. После реализации данных изменений количество товарооборота увеличится до 6 раз в год. В результате магазин может продать больше товаров и быстрее оборачивать свои запасы.

Срок поставки (время выполнения заказа) — это время от размещения заказа до получения товара. Производители стараются снизить этот показатель, поскольку обычно потребители хотят, чтобы продукция доставлялась быстрее.

Процент заказов, доставленных не позднее даты доставки (измеряется в процентах). Производители стараются увеличить этот показатель, поскольку это также помогает удовлетворить потребности потребителей, занять большую долю рынка и увеличить доходы. Средний срок доставки товара заказчику составляет около 8 недель. Однако некоторые компании могут сократить время доставки до 24 часов, внедрив систему управления запасами «точно в срок» и улучшив отношения с поставщиками. Своевременная доставка продукции является наиболее важным фактором удовлетворенности клиентов, более важным, чем цена или качество продукции.

Производительность рабочей силы, Рабочая сила (англ. Labor Force, нем. Erwerbspersonenpotenzial) представляет собой сумму умственных и физических способностей человека и является основной производительной силой общества. Рабочая сила специфична для людей, которые имеют возможность работать. Но рабочая сила — это не сам человек и не его труд, а его способности. За счет национального продукта общества воспроизводятся не только материальные факторы производства, но и личный фактор, т. е. рабочая сила.

В этой группе производительности есть два основных показателя. Первый представляет собой количество продукции, производимой одним рабочим в единицу времени, а второй измеряется путем расчета количества денег, затраченных на труд для производства одного продукта. Отслеживая эти показатели, производители могут выявлять трудовые проблемы, улучшать процессы и повышать производительность.

Объем продукции, произведенной работником (выпуск на одного работника) - количество продукции, произведенной работником за единицу времени (час/день/неделя/месяц). Посмотрите этот пример, чтобы увидеть, как применить его на практике. На предприятии по производству автозапчастей работают 10 рабочих и один конвейер сборки изделий. Каждый рабочий может производить 50 автозапчастей в час.

Таким образом, объем производства на одного работника предприятия составляет 50 автодеталей в час. Отслеживая этот показатель, компания может определить, какие работники производят больше, а какие меньше. Эта информация поможет предприятию найти точки, необходимые для повышения эффективности и производительности. Например, кому-то может потребоваться дополнительное обучение или может потребоваться адаптировать сборочную линию к навыкам рабочих.

Сумма трудозатрат на производство одного продукта (затраты труда на единицу продукции) – снижение затрат при обеспечении качества продукта способствует повышению его конкурентоспособности и рентабельности на рынке. Еще один пример того, как можно использовать этот индикатор. Фабрика футболок тратит 10 000 долларов на 10 000 футболок. Это означает, что производство одной футболки обходится в 1 доллар труда. Контролируя этот показатель, завод может определить области, где затраты на рабочую силу можно снизить. Например, можно автоматизировать определенные процессы, передать определенные задачи на аутсорсинг или внедрить более эффективные методы производства. Кроме того, этот показатель может помочь заводу устанавливать конкурентоспособные цены на свою продукцию и принимать более обоснованные решения об объеме производства. В этом примере, если одна футболка продается на рынке за 5 долларов, то фабрике нужно будет продать как минимум 5 футболок, чтобы покрыть расходы рабочих (если будет продано больше футболок, дополнительная прибыль составит). Согласно исследованию

Организации экономического сотрудничества и развития (ОЭСР), рабочая сила с более высоким уровнем образования и опыта имеет более высокую производительность на одного работника, чем рабочая сила с меньшим образованием и опытом. пока это происходит. Это показало важность инвестиций в обучение и развитие работников для повышения эффективности и производительности.

Согласно исследованию, проведенному Национальным бюро экономических исследований (NBER), продукты, требующие более квалифицированной рабочей силы и специализированного оборудования, имеют более высокие затраты на рабочую силу на единицу продукции. Поэтому важно понимать конкретные требования к различным продуктам при принятии решений о затратах на производство и рабочую силу.

По данным исследования McKinsey Global Institute, в компаниях, внедривших автоматизацию и передовые технологии, объем производства на одного работника увеличился в среднем на 20-25%. Это означает инвестиции в автоматизацию и технологии для повышения эффективности и производительности.

Удовлетворение потребностей потребителя - Под потребностью понимается сознательное осознание потребности. Он имеет физическую форму в зависимости от человека. Потребители – субъекты, использующие материальные или духовные блага для себя. Потребление – это процесс удовлетворения человеческих желаний посредством использования материальных или духовных благ. Спрос – это потребность, подкрепленная деньгами на рынке.

Существует три основных показателя, которые измеряют удовлетворенность клиентов: количество жалоб, процент возвратов и показатель Net Promoter Score. Мониторинг этих показателей позволяет производителям выявлять проблемы потребителей, улучшать качество продукции и повышать удовлетворенность потребителей своей продукцией или услугами.

Количество жалоб (жалоб клиентов) — количество жалоб потребителей, поступивших в единицу времени. Пример практического применения: компания-производитель автомобилей получает несколько жалоб от потребителей на тормозную систему своих автомобилей. Компания начинает ежемесячно отслеживать количество поступающих жалоб и выяснять первопричину проблемы. Они быстро переключаются на нового поставщика, обнаружив, что поставленные за последние полгода детали имеют низкое качество из-за проблем в производственных процессах поставщика тормозной системы. В результате количество жалоб потребителей на тормозную систему значительно сократится.

Returnrate (коэффициент возврата) — доля продукции, возвращаемая потребителем производителю по различным причинам (измеряется в процентах). Пример распространенного опыта: интернет-компания по производству одежды замечает, что процент возврата брюк определенного стиля выше, чем обычно. При дальнейшем осмотре они обнаруживают, что размеры последней партии брюк не соответствуют таблице размеров. Компания начинает следить за возвратом брюк и совместно с поставщиком продукции принимает меры по улучшению размера. Альтернативно, они уведомят своих клиентов о проблеме и предложат бесплатный обмен тем, кто получил неправильный размер. В результате процент возвратов брюк снизится, а компания повысит уровень удовлетворенности клиентов.

Net Promoter Score (NPS) — это показатель лояльности потребителей и готовности рекомендовать продукт или услугу. Другой пример того, как это используется: сеть ресторанов начинает отслеживать себя, измеряя свой чистый рейтинг промоутеров, и обнаруживает, что его рейтинг ниже ожидаемого. Компания начинает анализировать отзывы клиентов и обнаруживает, что основные жалобы связаны с длительным временем ожидания и плохим обслуживанием. Они предпринимают шаги для улучшения обслуживания и сокращения времени ожидания, например, нанимают больше сотрудников, обучают существующий персонал и внедряют новую систему бронирования. В результате чистый рейтинг промоутеров сети ресторанов увеличится, и через некоторое время они увидят рост удовлетворенности клиентов и рост бизнеса.

Согласно исследованию консалтинговой компании Bain & Company, компании с показателем чистого промоутера (по шкале от 0 до 10) 9 или 10 имеют темп роста 6 баллов. обнаружили, что компании с рейтингами меньше или равными вдвое превышают средние темпы роста.

Воздействие на окружающую среду – это обобщенное понятие, описывающее природные условия определенной территории и ее экологическое состояние.

Потребление энергии, использование воды и образование отходов являются тремя основными показателями, которые измеряют воздействие на окружающую среду. Контролируя эти показатели, производители могут выявлять экологические проблемы, совершенствовать процессы и снижать их воздействие на окружающую среду.

Энергопотребление (энергопотребление) – это количество энергии, используемой в единицу времени. Практический пример: после того, как крупное производственное предприятие начало внимательно следить за потреблением энергии, оно обнаружило, что использует больше энергии, чем ожидалось. Они проводят энергоаудит и обнаруживают, что многие из их оборудования не работают с оптимальной эффективностью и потребляют больше электроэнергии, чем необходимо для выполнения своих обязанностей. Позже он примет меры по повышению энергоэффективности оборудования завода. Например, установлено энергосберегающее оборудование, внедрена система энергоменеджмента, сотрудники проходят обучение энергосбережению. В результате это приводит к значительному снижению энергопотребления и себестоимости на предприятии.

Водопотребление – количество воды, используемое в единицу времени. Практический пример: компания по производству напитков начинает контролировать потребление воды и обнаруживает, что воды используется больше, чем ожидалось. В ходе проверки они обнаруживают, что теряют воду из-за дыр в старых трубах и используют больше воды, чем необходимо для выполнения своих задач. После этого компания принимает меры по снижению водопотребления. Например, трубы будут заменены на новые, внедрены системы водопользования, вода будет повторно использоваться для орошения. В результате они становятся свидетелями значительного сокращения количества воды, используемой на предприятии, и ее расходов.

Образование отходов (образование отходов) – количество отходов, образующихся в единицу времени. Практический пример: компания по производству продуктов питания обнаруживает, что производит больше отходов, чем ожидалось. Дальнейшие расследования показывают, что они производят больше продуктов питания, чем необходимо, и не перерабатывают или компостируют отходы должным образом. Затем компания предпринимает шаги по сокращению образования отходов, например, реализует программу сокращения отходов, переработку и компостирование отходов, а также передает излишки продуктов питания в местные продовольственные кладовые. В результате наблюдается значительное снижение образования отходов на предприятии и связанных с этим расходов.

1.2 Актуальность социально-экономической эффективности промышленного производства.

По данным Международного энергетического агентства, промышленность и производство составляют около 25 процентов мирового потребления энергии. Это делает ее одной из крупнейших энергоемких отраслей и показывает важность энергоэффективности в производстве.

По данным ООН, около 70% воды в мире используется для сельского хозяйства и промышленности, а промышленность является одним из крупнейших водопотребляющих секторов.

По данным Всемирного банка, производственный сектор производит около 20 процентов мировых отходов. Это подчеркивает важность сокращения и управления отходами на производстве, и, таким образом, существует еще много возможностей для экономии затрат и ресурсов.

Финансовая эффективность – это возможность получить желаемый результат. Если что-то считается эффективным, это означает, что оно имеет ожидаемый или неожиданный результат или оставляет глубокое, яркое впечатление.

Рентабельность активов, чистая прибыль и денежный поток — три ключевых показателя, которые измеряют финансовые результаты. Контролируя их, производители могут выявить финансовые проблемы, улучшить процессы и повысить прибыльность.

Рентабельность активов (ROA) показывает, насколько хорошо компания использует свои активы для получения дохода. Он рассчитывается путем деления чистой прибыли на общую сумму активов. Высокая рентабельность активов свидетельствует о том, что компания эффективно использует свои активы для получения дохода. Например, если компания автомобильной промышленности имеет рентабельность активов 10%, она заработает 10 центов на каждый доллар имеющихся у нее активов.

Чистая прибыль рассчитывается путем деления чистой прибыли на общий доход. Высокая норма чистой прибыли указывает на то, что компания получает большую прибыль на каждый доллар выручки. Например, если розничная компания имеет чистую прибыль в размере 5%, на каждый доллар выручки компания получает 5 центов прибыли после оплаты всех расходов.

Денежный поток (денежный поток) — это сумма средств, доступных для выполнения финансовых обязательств компании, рассчитываемая путем вычитания оттока денежных средств из денежных поступлений. Практический пример:

строительная компания имеет положительный денежный поток в размере 500 000 долларов США. Это означает, что компания имеет больше притоков денежных средств, чем имеющихся оттоков денежных средств вследствие операционной деятельности, инвестиций и другой финансовой деятельности. Этот положительный денежный поток можно использовать для погашения долга, инвестиций в новые проекты или распределения дивидендов акционерам.

Согласно исследованию консалтинговой компании McKinsey & Company, компании, входящие в верхний квартиль по рентабельности активов (ROA), имеют значительно более высокий уровень операционной эффективности, лучшую ценовую власть и сильнее при увеличении доходов. Кроме того, эти компании имеют более целенаправленный портфель бизнесов, делая больше стратегических инвестиций в возможности роста.

Согласно другому исследованию Harvard Business Review, компании с высокой рентабельностью активов (ROA), как правило, имеют сильную корпоративную культуру и хорошую стратегическую согласованность среди своих сотрудников. В то же время у этих компаний будут более эффективные процессы распределения ресурсов и принятия решений.

По данным Бюро экономического анализа, средняя норма чистой прибыли производственных компаний в США в 2020 году составила около 6%. Некоторые отрасли, такие как фармацевтика и производство компьютеров, имеют высокую норму прибыли, в то время как другие, такие как текстильная и пищевая промышленность, имеют относительно низкую норму прибыли.

Согласно другому исследованию, проведенному Deloitte, компании с положительным денежным потоком обладают более сильным инновационным развитием, чем другие, и имеют лучшие возможности по выводу на рынок новых продуктов и услуг. Эти компании более ориентированы на клиента и лучше понимают потребности рынка.

Перечисленные выше ключевые показатели эффективности играют важную роль в улучшении и совершенствовании процессов вашего продукта или услуги. Постоянно отслеживая такие показатели, как эффективность производства, эффективное использование оборудования и удовлетворенность клиентов, вы сможете выявить пробелы в своем бизнесе и принять решения, которые сделают его успешным. Реализация реформирования промышленного сектора, программ структурных преобразований и диверсификации, укрепление материально-технической базы создали основу для развития промышленного производства республики. в годовом исчислении) рост составил 1,2 млн, в 2005 году - 1,8 млн, в 2010 году - 3,0 млн. а в 2016 году – 4,6 млн. показывает, что оно увеличилось. Следует отметить, что в 2016 году в общем объёме промышленного производства республики в основном приходилось города Ташкент (21,0 %), Ташкент (15,1 %), Навои (9,5 %), Кашкадарья (8,6 %), Ферг`Она (7,2 %). , Андижанской (7,1%) и Самаркандской (6,7%) областей, небольшую долю которых составляют Джизакская (1,8%), Сурхандарьинская (2,0%) и Хорезмская (2,5%) области. В 2016 году объем промышленного производства на душу населения в регионах соответствует Навоийской области (11395 тыс.сум), г.Ташкенту (9761 тыс.сум), Ташкенту (5998 тыс.сум), Сырдарьинской (4421 тыс.сум) и Кашкадарьинской (3151 тыс.сум). в регионы. Самый низкий объем промышленного производства на душу населения наблюдается в Сурхандарьинской (903 тыс.сум) и Наманганской (1323 тыс.сум) областях. Модернизация и диверсификация ведущих отраслей промышленности, внедрение современных технологий переработки сырья и полуфабрикатов, адресная поддержка производств, высококонкурентных на мировом рынке, способствовали увеличению доли обрабатывающей промышленности в производстве. Если в 2010 году доля обрабатывающей промышленности в общем объеме промышленного производства составляла 73,8%, то к 2020 году она увеличилась до 80,3%. В общем объеме промышленного производства увеличился объем производства продукции с высокой добавленной стоимостью в следующих отраслях: пищевой, текстильной, химической, фармацевтической и других отраслях. Только в 2020 году по сравнению с предыдущим годом рост объёмов производства в обрабатывающей промышленности – 6,4%, в том числе производства основных фармацевтических продуктов и препаратов – 40,3%, химической продукции, резиновых и пластмассовых изделий – 34,4%, прочих неметаллические минеральные продукты - 20,9%, продукты питания, напитки, табачные изделия - 10,8%, текстильные изделия, одежда, при производстве кожаных изделий - 9,0%. При этом, несмотря на значительные капитальные вложения в предприятия нефтегазовой отрасли в последние годы, в 2020 году прирост объема производства газодобывающих предприятий составил всего 2,0% по сравнению с 2015 годом, при этом добыча нефти и объемы производства задействованных предприятий снизились. на 3,3%.

Также в 2016 году на предприятиях по производству кокса и продуктов нефтепереработки (97,1% к 2015 году), на предприятиях по производству компьютерной, электронной и оптической продукции (78,4%), на предприятиях по производству автотранспортных средств, прицепов и полуприцепов (50,6%) Снизились объемы производства на предприятиях по ремонту и монтажу машин и оборудования (96,4%), небольшой рост наблюдался в металлургической промышленности (101,6%). . Модернизация производства, техническое и технологическое перевооружение в 2020 году увеличили производительность труда в промышленном секторе на 4,3% по сравнению с прошлым годом и в 1,4 раза по сравнению с 2010 годом. Реализация программ мер по снижению энергоемкости, внедрение внедрение энергосберегающих технологий в отраслях экономики и социальной сфере позволило снизить энергоемкость валового внутреннего продукта республики. Только в 2020 году энергоёмкость валового внутреннего продукта снизилась на 7,4% по сравнению с предыдущим годом и составила 0,1765 тнэ/тыс.долл. ВВП. Анализ обновления основных фондов в 2016 году показывает, что коэффициент обновления основных фондов промышленного производства составляет 19,1% в целом по промышленному сектору, из них в обрабатывающей промышленности 29,4% и в горнодобывающей промышленности и карьерах 11,5%. мины. достигнута При этом рентабельность промышленных предприятий составила 15,1 процента. Реализация мер по увеличению объемов локализации производства готовой продукции, комплектующих изделий и материалов является одним из факторов увеличения производства промышленной продукции, необходимой для производственной деятельности предприятий, и сокращения импорта товаров. В 2020 году на предприятиях, включенных в Программу локализации, реализовано 695 проектов, в том числе 380 отраслевых проектов на сумму 4014,6 млрд сумов, 315 региональных проектов на сумму 2131,2 млрд сумов. При этом общий объем реализации продукции по проектам увеличился в 1,5 раза по сравнению с показателями 2015 года. При этом производство 47 проектов, включенных в Программу локализации, в 2020 году не началось, из них 24 сетевые и 23 региональных проекта, проектов по производству производственного оборудования не хватает. Наибольшая доля этих предприятий в структуре производства городов Ташкента (31,1% от общего объема производства местных предприятий), Ташкента (13,3%), Самарканда (9%), Ферганы (7,6%), Андижана (7,3%).) соответствует предприятиям регионов.

В условиях развивающейся рыночной экономики экономическая стратегия государства включает не только постановку долгосрочных фундаментальных целей, но и определение средств и путей достижения этих целей. Среди них главное место занимает постоянное повышение эффективности производства.

Укрепить мощь государства Узбекистан, полностью удовлетворить потребности населения в материальных и духовных благах, и в дальнейшем - их обильное создание, занимающее место среди наиболее развитых стран в экономической и научно-технической сферах, напрямую связано с повышением эффективности производства.

Достижение независимости, создание мощного экономического и научно-технического потенциала, совершенствование экономических и социальных отношений на первое место ставят вопросы повышения эффективности производства. Поэтому в речах и выступлениях Президента Республики, в решениях Кабинета Министров раскрываются суть и значение повышения эффективности производства, в том числе промышленного производства, актуальные проблемы, приоритетные задачи, возникающие в связи с Переход экономики на путь экстенсивного и интенсивного развития глубок и дан всесторонний анализ.

Известно, что в развитии производства действуют два различных фактора: количественный и качественный, экстенсивный и интенсивный, т. е. расширяющий (продлевающий) и усиливающий, усиливающий факторы. Другими словами, если расширить сферу производства, произойдет экстенсивное воспроизводство; при использовании еще более эффективных средств производства происходит интенсивное расширенное воспроизводство.

В результате рационального использования этих двух способов в промышленности Узбекистана постепенно повышается эффективность производства.

Слово эффективность является одним из наиболее распространенных общих понятий и широко используется в различных сферах экономического и социального развития. Например, эффективность общественного производства, эффективность труда, эффективность учебы и преподавания, эффективность лечения и лечения, эффективность принимаемых нормативно-правовых актов и решений и т. д.

Эффективность является «зеркалом» промышленно-производственной деятельности. Все производственные результаты можно увидеть в этом «зеркале». Известно, что каждая отрасль, предприятие, более того, каждый человек стремится получить максимальную прибыль в своей производственной деятельности.

Он совершает для этого определенные расходы. Разница между этими выгодами и издержками видна в эффективности, которая является «зеркалом» деятельности сети и предприятия. Высшая эффективность производства заключается в снижении производственных затрат до минимального уровня.

Эффективность занимает особое место в условиях рыночных отношений. Рыночная экономика требует эффективности и полезности. В упорядоченной рыночной экономике необходимо достигать наибольших результатов, затрачивая наименьшее количество ресурсов. В процессе производства продукции активны 5 видов ресурсных систем: а) материальные ресурсы, б) трудовые ресурсы, в) финансовые ресурсы, ж) энергетические ресурсы, г) информационные ресурсы. Повысить эффективность производства можно, разумно используя эти ресурсы. Такая деятельность имеет большое значение в направлении повышения эффективности производства. Четкие направления повышения эффективности промышленного производства обозначены в принятых Олий Мажлисом законах, указах Президента и решениях Кабинета Министров.

Общая и сравнительная экономическая эффективность. Эффективность – это полезность, результативность. Известно, что для того, чтобы получить какой-то результат, нужно трудиться, работать, производить товар или оказывать услугу и тратить определенную сумму денег.

Для определения эффективности результат следует сравнить с затратами или ресурсами, затраченными на достижение этого результата. Итак, эффективность – это соотношение трудовых, материальных и финансовых ресурсов, затрачиваемых на результаты производственной деятельности для их достижения.

Под общей (абсолютной) эффективностью производства понимается общая сумма экономической эффективности по сравнению или по сравнению с отдельными видами затрат и ресурсов.

Общая эффективность производства используется для определения и оценки уровня использования отдельных видов затрат и ресурсов и рассчитывается для экономики в целом, по отраслям, предприятиям и объектам капитального строительства.

Определение такой эффективности основано на расчете дифференцированных показателей, отражающих уровень затратной и ресурсной эффективности, основных сумм эффективности. К таким показателям относятся рабочая сила, материалоемкость, фондоемкость и фондоемкость производства или производимой в нем продукции.

Рабочая сила характеризует величину национального дохода, чистого, брутто, расходов на единицу продукции, выраженную в натуральной форме.

Трудоемкость продукции — показатель количества рабочего времени, затрачиваемого на производство определенного вида продукции (например, одного трактора, костюма или рубашки).

Выделяют три вида рабочей силы: технологическую, полную и экономическую рабочую силу. В зависимости от аспекта учета затрат труда его подразделяют еще на три вида: плановый труд, нормативный труд и реальная (фактическая) рабочая сила.

Производительность труда определяется прямыми затратами (трудом, затраченным основными работниками), совокупными затратами (трудом, затраченным вспомогательными работниками) и их отношением к стоимости совокупного общественного продукта или национального дохода. В некоторых комплексах и их филиалах, а также на предприятиях величина материальных затрат определяется по отношению к стоимости.

Существует множество разнообразных факторов и основных направлений повышения эффективности производства. Все факторы можно разделить на группы по трем признакам: по источнику, по основным направлениям развития и совершенствования производства, по месту и уровню реализации факторов.

Классификация факторов по источникам повышения эффективности производства помогает определить, возможна ли общественная экономия труда или достигается за счет чего. С этой точки зрения к основным факторам можно отнести следующие: производительность труда, материалоемкость, емкость фондов, снижение потребности в капитальных фондах, рациональное использование природных ресурсов, экономию времени. Но такая классификация не отвечает требованию. Чтобы найти ответы на эти вопросы, необходимо сгруппировать все факторы повышения эффективности производства по основным направлениям развития и совершенствования производства. Они состоят из комплекса технических, организационных, экономических и социальных мер, направленных на экономию общественного труда. Эти направления очень разнообразны. К наиболее важным из них относятся:

- совершенствование структуры производства;
- ускорение научно-технического прогресса, повышение технико-экономического уровня производства и продукции, сокращение сроков внедрения научно-технических достижений;
- повышение уровня специализации производства, кооперации, объединения и территориального размещения;

- совершенствование структуры управления, финансирования, оценки, кредитования и системы стимулирования;
- повысить творческую активность и инициативность работников на основе усиления человеческого фактора.

Либерализация промышленного производства и углубление реформ в этом секторе являются основным направлением повышения эффективности.

Еще одним важнейшим способом повышения эффективности промышленного производства является ускорение развития науки и технологий. Технико-технологический фактор обеспечивает не менее двух третей роста производительности труда.

Известно, что характер и содержание технического развития на разных этапах экономического развития имеют свои особенности. Например, в результате перехода к рыночной экономике научно-технический прогресс ориентирован не только на количественные, но и более качественные изменения. В целом эффективность связана с качественными изменениями в экономике, это требование в полной мере привнесено в развитие науки и техники.

Роль человеческого фактора в поднятии социально-экономической эффективности промышленного производства на высокий уровень несравненна. Народная инициатива, энергия и творчество являются важнейшим и мощным источником любого развития. Вот почему говорят, что человек является главной производительной силой общества. Он создает все инновации, в том числе новые, передовые технологии, рационально организует производство, совершает научные и практические открытия. Человеческим трудом приводятся в движение все средства производства, создаются полезные вещи. Однако человек является не только главной производительной силой, но и субъектом производства и других общественных отношений. Деятельность людей реализуется через эти отношения. Направление и результаты этой деятельности зависят от того, каких мыслей, идей, целей, жизненных ориентиров, задач и психологических убеждений придерживается в своей работе сотрудник. Поэтому при анализе сущности, значения и содержания человеческого фактора следует говорить не только о личности, но и о социальных качествах, факторах, стимулирующих деятельность, и условиях, определяемых всей системой общественных отношений, в которых находится человек. живет и работает.

ГЛАВА II. ПОВЫШЕНИЕ СОЦИАЛЬНО-ЭКОНОМИЧЕСКОЙ ЭФФЕКТИВНОСТИ ПРОМЫШЛЕННОГО ПРОИЗВОДСТВА.

2.1 Узбекский опыт повышения социально-экономической эффективности промышленного производства.

В целях решения задач по обеспечению стабильного роста занятости и доходов населения республики приоритет отдается широкому развитию различных форм домашнего хозяйства, в том числе расширению его сотрудничества с крупными промышленными предприятиями.

Укрепление кооперативных связей между крупными промышленными предприятиями и домовладельцами решает важную задачу увеличения доходов семейного бюджета, позволяет резко сократить численность безработного населения и привлечь его активную часть к производству. При этом обеспечивается право расчета трудового стажа надомников и назначения им пенсионного и социального страхования.

Развитие семейного подряда на основе поставок промышленными предприятиями необходимого сырья и материалов домовладельцам создает возможность гражданам эффективно использовать свое время и в то же время осваивать домашнее производство отдельных видов малорентабельных товаров. и трудоемкую продукцию, что, в свою очередь, способствует повышению эффективности труда крупных предприятий.

На данный момент, в эпоху интенсивной глобализации, становления рыночных отношений, интеграции страны в мировое сообщество и роста роли информации в экономической системе, новых технологий, укрепления связей между рынками капитала требуют перехода экономики на путь инновационного развития. делается. Важно изучать опыт развитых и развивающихся стран мира, а также выбирать путь инновационного развития с учетом богатых природных и социальных ресурсов, производственного и научно-технического потенциала нашей республики. В частности, чтобы максимально организовать развитие нашей страны, прежде всего, необходимо уделить серьезное внимание эффективному использованию инновационного и научно-технического потенциала. В связи с этим необходимо создать законодательные основы для формирования комплексной инновационной политики нашей страны. Для эффективной организации и развития инновационной деятельности необходимо разработать систему стратегических и тактических мер этой деятельности. Известно, что разработка этой системы ведется только на научных основаниях. Поэтому специалистам, работникам соответствующей сферы необходимо знать практику организации и управления инновационной деятельностью, стратегические правила, особенности формирования и реализации инновационной политики.

Инновация состоит из новых вещей, созданных с целью перехода в более совершенное состояние, это означает новый инструмент, новый метод, новый продукт, новые технологии, которые необходимо изобретать, производить и изобретать. Инновации –

это совокупность новых знаний, которые должны применяться на практике и быть эффективными в соответствующих областях.

Сегодня инновации широко используются в производстве, экономических, правовых и социальных отношениях, науке, культуре и образовании. Это означает новый подход к развитию каждой области.

Роль и значение национальной промышленности в экономике Узбекистана значительны, и после достижения государственной независимости в этой сфере были реализованы основные экономические, организационные и структурные реформы.

Экспроприация и приватизация промышленных предприятий, преобразование в государственно-акционерную, корпоративную, коллективную и частную формы собственности, структурные изменения в отраслях промышленности, малый бизнес и частное предпринимательство, совместные предприятия с участием иностранного капитала. был основан. Развитие национальной промышленности, макроэкономическая ситуация новой эпохи, формирование рыночных отношений и описание структурных изменений можно разделить на несколько этапов, исходя из стратегии индустриализации.

Одним из приоритетов перехода к рыночным отношениям является инновационное реформирование отраслей экономики, модернизация фундаментальных инноваций, он основан на обеспечении макроэкономической стабильности, оснащении предприятий новыми технологиями, увеличении доли негосударственного сектора в экономике.

Этот процесс, несомненно, предполагает повышение инновационного и экономического потенциала страны, а также его эффективное использование. Современное состояние экономики нашей страны требует ускорения темпов реализации инновационных преобразований в национальной экономике. Следует отметить, что опыт стран с развитой экономикой показывает, что для достижения эффективной инновационной стратегии необходимо разумно использовать экономические и природные факторы.

В целях создания потенциальной конкурентоспособности в индустриально-инновационной политике страны приоритетным направлением является развитие экспортно-ориентированного производства за счет структурных изменений в сырьевых отраслях экономики. Необходимо продемонстрировать суть наших основных подходов к координации привлечения инвестиций, развитию бизнес-среды, проведению государственной политики по занятию сильных позиций на мировых рынках.

Одним из важных факторов обеспечения стабильности промышленного производства является достижение непрерывности выпуска конкурентоспособной продукции на внешние рынки в целях формирования и реализации инновационных стратегий на регулярной основе в отраслях промышленности.

Одним из важнейших направлений обеспечения научно-технического прогресса является регулярное освоение передовых, самых современных технологий. Передовые технологии — это процесс, направленный на организацию овладения рядом методов, таких как объединение апробированных технологических процессов, использование различных физических и химических методов, вакуумирование, эффективное использование нанотехнологий.

Другое направление – автоматизация и механизация производства, электрификация и компьютеризация. Во всех отраслях развитых стран строго соблюдается полная реализация указанных аспектов. При этом любой требуемый фактор не считается второстепенной задачей.

Напротив, серьезное внимание уделяется выполнению всех требований, необходимых для организации технической деятельности. Также, учитывая высокий пик автоматизации и уделяя внимание использованию роботизированной техники, обеспечивающей эффективность, это должно стать одной из высших целей производства.

Опираясь на достижения технической науки, его считают оружием, повышающим силу, трудоспособность и творческий потенциал человека. Технология – фактор, создающий определенные материальные блага или реализующий эти материальные блага на основе науки и современных технических средств.

Новые технологии и инновационная стратегия, взаимозависимость и взаимодополняемость технических процессов, их регулярное совершенствование служат развитию общества. Технологические инновации могут быть в виде продуктов, процессов, услуг и методов, производимых юридическим лицом впервые (даже если они используются другими юридическими лицами).

Существует два типа технологических инноваций: продуктовые инновации и процессные инновации. Товарные инновации в промышленном производстве включают в себя подготовку и внедрение технологически нового и всесторонне усовершенствованного продукта.

Технологическая новая продукция - продукция, технологические особенности которой (функциональные особенности, конструктивное исполнение, дополнительные операции, используемые компоненты и состав материалов) или цель использования являются принципиально новыми или аналогичны ранее выпускаемым юридическим лицом. это продукт, который существенно отличается от аналогичных продуктов.

В принципе, такие инновации могут быть основаны на новых технологиях или использовании существующих технологий, результатов исследований и разработок. Технологически улучшенная продукция – это продукция, качественные характеристики которой улучшаются, а экономическая эффективность повышается за счет использования высокоэффективных комплектующих и материалов, частичного изменения одной или нескольких технических составляющих (сложная продукция).

В целях развития предприятий нашей страны, наполнения потребительских рынков нашей республики высококачественной продукцией, пользующейся успехом у населения, повышения экспортного потенциала отрасли, поддержки производства конкурентоспособной продукции малыми предприятиями, внедрить новую технико-технологическую, инвестиционную политику в отрасли. Предусмотрено осуществить меры по привлечению иностранных инвестиций в больших масштабах, чтобы за счет внедрения современных технологий регулярно осваивать производство новой и качественной продукции, уделять серьезное внимание внимание оснащению предприятий отрасли новой техникой.

В целях повышения эффективности инновационного менеджмента на промышленных предприятиях нашей страны целесообразно в целях стратегического развития предприятия разработать направления развития, связанные с инновационной деятельностью, разработать соответствующие меры по реализации инноваций. . В этом случае использование предложенного выше метода при формировании дерева целей инновационного управления создает основу для обеспечения устойчивости инновационного развития предприятия, а также достижения высокой эффективности.

Производство продукции на промышленных предприятиях может меняться под влиянием показателей эффективности инновационного управления предприятием. То есть на промышленном предприятии правильно организован инновационный менеджмент, и чем больше процессы производства продукции технически и технологически соответствуют требованиям времени, тем выше увеличивается объем производства. Целесообразно сосредоточить внимание на разработке государственных программ, направленных на стимулирование развития механизма инновационного управления промышленными предприятиями нашей страны. Необходимо перевести промышленные предприятия на путь инновационного развития по региональному принципу. Кроме того, появится возможность перевести процессы производства промышленной продукции, выпускаемой в регионах, на путь инновационного развития, регулярно улучшать их показатели индекса глобальной конкурентоспособности.

Итак, инновационный подход составляет основу развития предпринимательской деятельности. Иными словами, важнейшими аспектами в этом отношении является то, что предприятия и фермерские хозяйства, работающие в условиях рыночных отношений, для достижения успеха в производстве конкурентоспособной продукции и услуг регулярно стремятся находить инновации и применять их в своей деятельности. деятельность.

Материально-технический ресурс. Любая экономическая эффективность требует экономических ресурсов – факторов производства. К ним относятся, прежде всего, природные ресурсы, машины, оборудование, транспортные средства, другие средства, используемые для производства товаров и услуг и их доставки потребителям, а также сами финансовые ресурсы. Третий вид ресурсов – человеческие трудовые ресурсы. Они определяются качественным и количественным составом рабочей силы, ее квалификацией, специализацией, уровнем занятости. В последнее время больше внимания в теории и на практике стали уделять важности другого ресурса – предпринимательских способностей. Сочетание инновационных, нетрадиционных факторов производства – земли, капитала, рабочей силы – способствует увеличению производства товаров и услуг и повышает эффективность предпринимательской деятельности.

Организационная работа на промышленных предприятиях. Организационная работа на промышленных предприятиях – лучшая причина высокого дохода.

Творческая деятельность на промышленных предприятиях, инициатива, связанная с инновациями. Ее значение особенно возрастает в условиях современного научно-технического развития. Новая экономическая среда для предпринимательства создается в связи с усилением функции, связанной с инновациями. Растет рынок научно-технических разработок, который предполагает внедрение новой продукции и технологий. Развивается информационная инфраструктура бизнеса, расширяется доступ к полезной информации, укрепляются патентно-лицензионные услуги, сеть банковских данных, собираемых с помощью электронных вычислительных машин.

Предпринимательство характеризуется определенным содержанием, направленностью, последовательностью процессуальных действий, совершаемых предпринимателем.

Классическое предпринимательство – это традиционное, консервативное предпринимательство, направленное на увеличение максимальной рентабельности ресурсов, управление объемами производства, где задействованы внешние факторы (займы, протекционизм) и внутренние факторы с целью повышения прибыльности компании, определения резервов обновления продукции. типы.

Инновационное предпринимательство отвечает требованиям времени, ускоряя скорость научно-технического развития; вариативность моделей (2 – 3 года); готовность удовлетворить потребности будущих потребителей уже сегодня; Инновации (продукты, услуги, технологии, новая организация производства или труда) являются характерными чертами инновационных промышленных предприятий, такими как тесный контакт с потребителями для их внедрения и распространения.

Для повышения эффективности промышленных предприятий основными факторами, требующими изменения управления внутри них, являются цели, структура, задачи, технологии и персонал.

Удовлетворенность клиентов или пользователей услуг, часто стремление к лидерству на рынке, условия для благополучия сотрудников и хороших отношений между ними, общественная ответственность, техническая эффективность с упором на исследования и разработки, высокий уровень производительности труда. Такие функции, как минимизация производственных затрат, являются основные параметры, свидетельствующие о повышении эффективности предприятия.

2.2 Зарубежный опыт повышения социально-экономической эффективности промышленного производства.

Сегодня иностранные инвестиции в стране играют важную роль в улучшении внутреннего экономического и финансового положения стран. Увеличение объёма инвестируемого капитала или обеспечение его эффективности – это инструмент, необходимый как вода и воздух для таких развивающихся стран, как Узбекистан. Конечно, невозможно представить себе достижение какого-то прогресса в этой области без изучения иностранных навыков, использования их и применения на практике, поскольку нереально любой стране развиваться самостоятельно и изолированно от других стран.

Известно, что если инвесторы не будут иметь достаточного правового доверия к стране, возникнут проблемы с привлечением иностранных инвестиций в экономику. Задачи, которые предстоит выполнить в этой области в ближайшие пять лет, определены в Указе Президента Республики Узбекистан «О Стратегии развития нового Узбекистана на 2022-2026 годы» № ПФ-60 [1]. Согласно этому нормативному документу, в эти годы правительство Узбекистана провозгласило привлечение прямых иностранных инвестиций одним из своих основных направлений политики и приоритетов, а также определило, что за счет повышения динамики роста и привлечения инвестиций в экономику, можно решить существующие социальные проблемы, в частности, уровень безработицы и бедности.

Закон Республики Узбекистан «Об инвестициях и инвестиционной деятельности», вступивший в силу 27 января 2020 года, гарантировал защиту от бессрочного вывода средств из нашей страны и национализации инвестиций [2]. Важно также отметить, что созданный в ноябре 2019 года Совет иностранных инвесторов при Президенте стал новой расширенной площадкой для общения с иностранными инвесторами, экспертами и деловыми кругами.

В последние годы предприниматели и инвесторы столкнулись с рядом принципиальных проблем в процессе государственных закупок в нашей стране, таких как отсутствие прозрачности, слабая защита прав частной собственности и недостаточная защита прав интеллектуальной собственности. В частности, в 2020 году он занял 69 место в рейтинге легкости ведения бизнеса с показателем 69,9 балла. Этот показатель показывает, что в сфере инвестиций в нашей стране предстоит еще много работы. Вот почему научные исследования этой темы актуальны для современной экономики.

Ряд известных экономистов также подчеркивали важность инвестиций в экономику. Самый выдающийся из них – Джон Кейнс, проделавший большую работу в области инвестиций. Его книга об инвестициях «Ретроспектива: инвестиционный новатор» является ценным ресурсом для современной экономики. В этой книге Кейнс дает несколько теоретических и практических рекомендаций по инвестированию. Одним из его самых известных советов было: «Будьте жадными, когда другие боятся». Другими словами, не всегда выгодно договариваться с другими об инвестициях.

Ф. Т. Никербокер исследует взаимосвязь между олигополистическими организациями и прямыми иностранными инвестициями в своей научной работе «Теория олигополии и прямых иностранных инвестиций». Результаты его 20-летнего исследования международной деятельности 187 американских компаний показали, что в олигополистических организациях национальные конкуренты естественным образом следуют за лидерами рынка. Данная стратегия последующего наблюдения соблюдалась в течение 3 лет с момента первой инвестиции в 45% случаев и в течение 7 лет в 55% случаев. Х. Грэм еще больше усовершенствовал эту модель, объяснив характер инвестиционной деятельности европейских транснациональных компаний. Он определил, что целью этих корпораций является не борьба со своими европейскими конкурентами в США, а противодействие стратегиям американских компаний в Европе.

П. Бакли и М. Кассон исследовали проблемы интернализации, интеграции и прямых иностранных инвестиций в рамках теории интернализации. Теория интернализации изучает развитие транснациональных компаний и их мотивацию для прямых иностранных инвестиций. Согласно этой теории, компании имеют возможность расширять свою деятельность в условиях наличия полноценной внутренней структуры. Также в этой теории отмечается, что предыдущие теории, ориентированные на производственную функцию и другие важные преимущества, такие как международная организация бизнеса, маркетинг и управленческие ресурсы, финансовый менеджмент, лидерские качества, развитие человеческих ресурсов, игнорировались [5].

Статья Сябо Вэя, Мохаммада Мохсина и Цюнсинь Чжана «Прямые иностранные инвестиции в развитие возобновляемых источников энергии» еще раз показывает, насколько выгодны эти инвестиции для страны. Отмечая, что только возобновляемая энергетика в нем является значимой и отрицательной с точки зрения выбросов парниковых газов, а прямые иностранные инвестиции Китая привлекают все больше внимания во всем мире и имеют значительный вес в развитии.

С дальнейшим расширением глобализации многие предприятия стараются все больше развивать свою деятельность. Потому что открытие новых производств в другой стране кажется более привлекательным, поскольку открывает возможности для удешевления производства и затрат на рабочую силу. Кроме того, эти крупные корпорации часто стремятся вести бизнес со странами, которые платят самые низкие налоги.

Привлечение иностранных инвестиций является важным направлением политики экономического развития. В большинстве стран мира созданы национальные агентства по привлечению инвестиций, наделенные полномочиями по привлечению прямых иностранных инвестиций. В нем излагаются ключевые вопросы реализации и служит практическим руководством для агентств по всему региону по использованию и повышению эффективности прямых иностранных инвестиций.

Целью стратегии привлечения инвестиций является разработка стратегического плана привлечения инвестиций в бизнес на основе комплекса конкретных целей, которые могут быть достигнуты за счет реализации продуманной тактики (рисунок 1).

Известно, что в сфере, где должна быть создана инвестиционная среда, иностранные инвесторы проводят глубокий анализ статистики, условий и уровня жизни в этой сфере. Этот анализ служит ключевым фактором в выявлении потенциальных иностранных инвесторов и направлении собственных средств.

Стратегические предприятия, в том числе важные экспортно-ориентированные предприятия в секторе природных ресурсов и коммунального хозяйства, являются основными кандидатами для прямых инвестиций, но эти отрасли не подлежат прямым инвестициям в Узбекистане. существенно ограничены в качестве своих целей. Для всей Центральной и Восточной Европы прямые инвестиции в результате приватизации составили почти 49% общего потока прямых инвестиций за последние годы. Экономика Узбекистана, в частности, экспортный сектор, ориентирована на производство товаров. Узбекистан занимает одно из ведущих мест в мире по добыче хлопка и золота, является крупным производителем и производителем цветных металлов и природного газа.

Как видно из рисунка 2, из-за осложнений пандемии 2020 года объем инвестиций в Узбекистан также несколько снизился. По ситуации 2019 года этот показатель составлял 38,4 процента, а к настоящему времени приблизился к 33,3 процента. Следует также отметить, что, поскольку ВВП Республики Узбекистан из года в год увеличивается, это снижение не оказало такого сильного воздействия на нашу страну, как раньше.

В Узбекистане зарегистрировано около 8000 предприятий с иностранными инвестициями, из них около 5600 действуют. Среди них совместные предприятия с крупными международными компаниями (KIA, BAT Industries, Newmont и Coca

Cola). Однако в целом Узбекистан в настоящее время привлекает очень небольшой приток ПИИ по отношению к численности его населения и в абсолютном выражении по сравнению с остальной частью Центральной Азии.

Прямые иностранные инвестиции Узбекистана	
Год Денежный	поток (долл. США)
2021	3,4 $ миллиард
2020	3,5 $ миллиард
2019	2.32 $ миллиард
2018	1.4 $ миллиард
2017	1.80 $ миллиард
2016	1.66 $ миллиард
2015	1.04 $ миллиард
2014	0.81 $ миллиард

Таблица 2.1. Объем прямых иностранных инвестиций, привлеченных в экономику Узбекистана (2012-2021 гг.)

В Таблице 1 выше общий объем инвестиционных проектов, введенных в страну, приведен в сравнении с годами. Мы видим, что объем инвестиций в Республику Узбекистан увеличивается. Однако из-за пандемии, произошедшей в 2020 году, объем инвестиций вновь замедлился.

Действительно, Республика Узбекистан сталкивается с проблемами и недостатками в осуществлении многоплановых инвестиций. В этом случае важно изучить опыт стран, достигающих стабильных и отличных результатов в плане инвестиций, всестороннего анализа и, наконец, применить его к условиям Узбекистана.

В настоящее время в разных частях мира используются разные методы привлечения или увеличения инвестиционных потоков. Фактически, страны с развитой инвестиционной деятельностью достигли своего нынешнего положения именно с помощью этого метода. В качестве аспектов, которые нам следует почерпнуть из основного зарубежного опыта, мы считаем:

1) отсутствие государственного вмешательства. Если взять опыт стран, улучшившихся с точки зрения инвестиций, то случаев государственного вмешательства в экономику и приобретения государством вошедшего бизнеса практически нет. Согласно закону, Узбекистан гарантирует право иностранных и местных субъектов частного предпринимательства создавать и владеть предпринимательскими предприятиями, заниматься большинством видов оплачиваемой деятельности;

2) Отсутствие инвестиционной «дорожной карты» по Узбекистану. Все развитые страны составляют дорожную карту для инвесторов, желающих вложить в них деньги. В нем представлены различные показатели страны и текущая политика страны, налоговая система, первое руководство по открытию бизнеса, банковская система, интересы населения и темпы демографического роста, где и сколько. инвестиции, сделанные до сих пор, были. Будет предоставлена такая информация, как ориентация и т. д.;

3) помощь бизнесу. До недавнего времени желающие открыть бизнес на территории Республики Узбекистан жаловались на трудности и хлопоты. В действительности различных отговорок и волокит при

регистрации предприятия увеличилось. безопасность интеллектуальной собственности в зарубежных странах полностью гарантирована. В ведущих зарубежных странах, если кто-то без разрешения использует логотипы, торговые марки и собственность представителей бизнеса, против него будет возбуждено серьезное уголовное дело. Именно по этой причине инвесторы вкладывают деньги в страны, где хорошо развита правовая система. Ошибочно говорить, что правительство Узбекистана также действует сообща в этом отношении. Потому что мы не можем сказать, что эта политика у нас еще полностью развита;

4) гарантия свободного перемещения капитала и прибыли. Свободный перевод средств через границы является ключевым элементом для инвесторов и их инвестиций. Право осуществлять такие передачи инвестору повышает осуществимость, осуществимость и рентабельность реализации проекта. С другой стороны, неограниченные права на передачу могут вызывать некоторые опасения у принимающих стран, например, избыток денег и изобилие капитала во времена экономических трудностей;

5) отмена минимального размера капитала. Существенным улучшением, внесенным Постановлением Иордании 2016 года, стала отмена требования к минимальному капиталу в размере 50 000 иорданских динаров для иностранных инвесторов. Согласно Постановлению 2000 года (статья 7), для регистрации компании в Иордании капитал неиорданских инвесторов должен составлять не менее 50 000 иорданских динаров (около 70 000 долларов США). Эта мера поставила иностранных инвесторов в невыгодное положение, особенно в капиталоемких

секторах, таких как отрасли, основанные на знаниях, и снизила конкурентоспособность страны по сравнению с другими экономиками, где требования к капиталу практически отсутствуют или вообще не имеют требований к капиталу. Минимальные требования к капиталу для компаний с ограниченной ответственностью были значительно выше, чем требования к капиталу для внутренних и иностранных инвесторов в странах ОЭСР и крупных развивающихся странах, таких как Китай, Индонезия, Индия и Россия. В настоящее время минимальная сумма капитала, которую инвесторы должны вложить в Узбекистан, составляет 400 000 000 сумов и 36 700 долларов США;

6)поощрение. Большинство стран предлагают финансовые стимулы для инвестиционных проектов. Политика стимулирования существенно различается в разных странах латиноамериканского региона. В большинстве развивающихся стран основными инвестиционными стимулами являются налоги и другие выгоды от инвестирования в экономическую зону, тогда как в других развитых странах стимулы обычно добровольно предлагаются конкретному инвестору для конкретного проекта. представляют собой инвестиционные пакеты. В Латинской Америке некоторые страны, такие как Бразилия, Чили и Мексика, также предлагают инвесторам согласованные пакеты стимулов.

6) В последние годы постепенно устраняются проблемы, мешающие осуществлению всех перспективных экономических реформ в нашей стране. Правительство страны признает, что 2023 год будет сложным для экономики из-за глобальной ситуации, и

в связи с этим принимаются конкретные, целенаправленные меры по привлечению и развитию инвестиций и увеличению доли экспорта. В 2023 году ожидается привлечение в виде прямых иностранных инвестиций более 8,5 млрд долларов США.

7) В текущем и ближайшем году основными движущими факторами экономики станут структурные изменения и экономические реформы в сочетании с инфраструктурными проектами с привлечением иностранного капитала, направленными на развитие конкуренции, инвестиционной среды и инфраструктуры в реальном секторе экономики, масштабные приватизация крупных государственных предприятий и реализация масштабных проектов. ожидается, что будет.

8) Как мы отмечали выше, необходимы масштабные реформы, которые станут залогом устранения проблем и недостатков, которые уже давно беспокоят инвесторов в Узбекистане. В этом случае большим новшеством могла бы стать структура совета, защищающего инвесторов и их права.

ГЛАВА III. ПОНЯТИЕ ОЦЕНКИ ЭФФЕКТИВНОСТИ ДЕЯТЕЛЬНОСТИ ПРЕДПРИЯТИЯ.

3.1 Понятие эффективности предприятия и история ее возникновения.

Слово «эффективный» происходит от латинского слова «efficientvus», что означает творческий или эффективный. Он появился между 1300-1400 годами нашей эры. Эффективность – это возможность получить желаемый результат. Если что-то считается эффективным, это означает, что оно имеет ожидаемый или неожиданный результат или оставляет глубокое, яркое впечатление.

Одно из главных условий возникновения и развития любой формы экономического управления в конкретной социально-экономической системе определяется уровнем ее эффективности. Эффективное управление является одним из основных факторов, определяющих жизнеспособность и развитие экономики в конкурентной рыночной среде. В то же время экономические ресурсы, используемые в процессе производства (земля, капитал, труд и т. д.), носят ограниченный характер, и такая ситуация требует их максимально эффективного и результативного использования.

Польза – понятие широкое, в результате какого-либо мероприятия или деятельности она выражается в эффекте от применения удобрений, повышении продуктивности сельскохозяйственных культур, повышении продуктивности кормов, увеличении продуктивности животноводства. Но этот эффект, т. е. повышение урожайности и продуктивности, не показывает, насколько полезны эти меры. Степень возмещения затрат, связанных с применением удобрений и кормов, известна только тогда, когда результат, полученный при этих затратах, сравнивается с доходом. В результате применения удобрений и кормов увеличение урожайности сельскохозяйственных культур и продуктивности скота представляет собой техническую эффективность данного мероприятия, а сравнение доходов, полученных в результате мероприятия, с расходами, связанными с событие представляет собой экономическую эффективность.

Экономическая эффективность представляет собой полезный результат, полученный при использовании средств производства и живого труда, или результат, полученный на единицу совокупных ресурсов. При оценке того или иного мероприятия или определении его размеров необходимо знать критерий экономической эффективности. В условиях рыночной экономики, поскольку каждое предприятие обладает полной экономической и юридической самостоятельностью, его основной целью является полное и эффективное использование закрепленных за ним ресурсов, и чем больший доход и прибыль оно получает на единицу этих ресурсов, тем более конкурентоспособным оно является. это. будет иметь много преимуществ.

Экономическая эффективность означает эффективное использование ограниченных ресурсов и максимальное удовлетворение неограниченного спроса общества на товары и услуги.

Эффективность производства – очень сложная экономическая категория. Это отношение хозяйственной деятельности, экономических программ и мероприятий в масштабах предприятия к полезным результатам, отношение полученного экономического эффекта к наибольшему объему производства с использованием ресурсов определенной стоимости, к потреблению ресурсов. Характеризуется Эффективность производства показывает конечный результат деятельности предприятия. Количественно эффективность производства можно измерить количеством труда, затраченного на производство продукта, но точное измерение трудоемкости гораздо сложнее. Следовательно, эффективность производства – это эффективность использования трудовых ресурсов; определяется показателями эффективности использования средств производства и капитала. Общим показателем эффективности производства на предприятиях является увеличение темпов производства продукции, кроме него, объема выпуска продукции на единицу денежных затрат, отношения балансовой прибыли к сумме основных и оборотных фондов, а также полного Важное значение имеют стоимостные показатели. Используются также такие показатели, как темпы роста производительности труда, экономия труда, вклад производительности труда в рост выпуска продукции. Эффективность производства формируется за счет технической эффективности (объема производства), экономической эффективности (производительности труда, трудовых ресурсов, основных фондов, оборотных средств), социальной эффективности (материальных ресурсов, прибыли). - отражает результат, то есть следствие. Последствие или результат – это цель любой деятельности. Необходимо различать понятие эффективности и понятие экономической эффективности.

В экономической теории считается, что экономический рост зависит от соотношения доходов к потреблению и инвестициям. Если динамика объема потребления указывает на конечную цель экономики и повышение уровня жизни населения, то изменение объема инвестиций означает рост ресурсных возможностей и материализацию технических инноваций. Существует достаточное замещение между потреблением и инвестициями, поскольку увеличение текущего потребления снижает долю инвестиций в доходе. В результате это снижает возможности экономического роста. Экономический рост измеряется в реальном и относительном выражении. Будет ли экономический рост измеряться увеличением абсолютного ВВП или увеличением реального ВВП на душу населения, зависит от цели оценки. Обычно экономический рост страны измеряется приростом абсолютного объёма ВВП при оценке её экономического потенциала, а измерение приростом объёма реального ВВП на душу населения используется для сравнения уровня жизни. в стране.

Эффективность предприятия – это способность предприятия производить более высокую и увеличивающуюся прибыль (или другие финансовые показатели), чем у конкурентов, в краткосрочной и долгосрочной перспективе.

Эффективность производства – очень сложная экономическая категория. Это отношение хозяйственной деятельности, экономических программ и мероприятий в масштабах предприятия к полезным результатам, отношение полученного экономического эффекта к наибольшему объему производства с использованием ресурсов определенной стоимости, к потреблению ресурсов. Характеризуется Эффективность производства показывает конечный результат деятельности предприятия. Количественно эффективность производства можно измерить количеством труда, затраченного на производство продукта, но точное измерение трудоемкости гораздо сложнее. Следовательно, эффективность производства – это эффективность использования трудовых ресурсов; определяется показателями эффективности использования средств производства и капитала. Общим показателем эффективности производства на предприятиях является увеличение темпов производства продукции, кроме него, объема выпуска продукции на единицу денежных затрат, отношения балансовой прибыли к сумме основных и оборотных фондов, а также полного Важное значение имеют стоимостные показатели. Используются также такие показатели, как темпы роста производительности труда, экономия труда, вклад производительности труда в рост выпуска продукции. Эффективность производства формируется за счет технической эффективности (объема производства), экономической эффективности (производительности труда, трудовых ресурсов, основных фондов, оборотных средств), социальной эффективности (материальных ресурсов, прибыли). - отражает результат, то есть следствие. Последствие или результат – это цель любой деятельности. Необходимо различать понятие эффективности и понятие экономической эффективности.

В экономической теории считается, что экономический рост зависит от соотношения доходов к потреблению и инвестициям. Если динамика объема потребления указывает на конечную цель экономики и повышение уровня жизни населения, то изменение объема инвестиций означает рост ресурсных возможностей и материализацию технических инноваций. Существует достаточное замещение между потреблением и инвестициями, поскольку увеличение текущего потребления снижает долю инвестиций в доходе. В результате это снижает возможности экономического роста. Экономический рост измеряется в реальном и относительном выражении. Будет ли экономический рост измеряться увеличением абсолютного ВВП или увеличением реального ВВП на душу населения, зависит от цели оценки. Обычно экономический рост страны измеряется приростом абсолютного объёма ВВП при оценке её экономического потенциала, а измерение приростом объёма реального ВВП на душу населения используется для сравнения уровня жизни. в стране.

Эффективность предприятия – это способность предприятия производить более высокую и увеличивающуюся прибыль (или другие финансовые показатели), чем у конкурентов, в краткосрочной и долгосрочной перспективе.

Уильям Нордхаус объединил эффективность и прибыльность и описал сходные и несходные качества, влияющие на то и другое.

Эффективность предприятия – это производство качественной и абсолютно конкурентоспособной продукции с низким потреблением. Эффективность неразрывно связана с прибылью, и если прибыль выгодна владельцу предприятия, то и эффективность предприятия выгодна предприятию. Любое определение эффективности основано на анализе.

3.2 Виды анализа и оценки деятельности предприятия.

Под определением эффективности предприятия подразумеваются результаты анализа финансового состояния и устойчивости, стабильности платежеспособности и рентабельности реализуемой продукции, полученные путем углубленного применения и анализа деятельности предприятия.

Метод изучения финансового положения и финансовых результатов предприятия на основе финансовой отчетности, бухгалтерской и другой информации, определения имеющихся финансовых возможностей и разработки мер, направленных на улучшение финансового положения, называется финансовым анализом. Основной частью финансового анализа является анализ финансового положения предприятий. Финансовое состояние предприятия характеризуется системой показателей, отражающих такие аспекты, как его финансовая устойчивость, финансовая независимость, платежеспособность, обеспеченность собственными средствами, состояние дебиторской и кредиторской задолженности. Путем изучения и анализа уровня этих показателей и обобщения их результатов оценивают финансовое состояние предприятия. Поэтому своевременный анализ этих показателей создает условия для улучшения финансового положения компании и укрепления экономики. С этой точки зрения значение анализа чрезвычайно велико и ни с чем не сравнимо. Анализ – гарантия улучшения финансового положения предприятия. Основной целью финансового анализа является определение активов, капитала и обязательств предприятия, уровня финансовой устойчивости, состояния платежеспособности, уровня обеспеченности собственными и заемными средствами, состояния финансовой независимости, дебиторской и кредиторской задолженности. на определенный период. На основе изучения текущей ситуации необходимо оценить финансовое положение предприятия и показать возможности его улучшения. С этой точки зрения основными задачами финансового анализа являются следующие:

1) определение и оценка состояния активов, капитала и обязательств предприятия;

2) определение устойчивости финансового положения и оценка его изменений;

3) определение показателей ликвидности баланса и анализ их изменения;

4) определение коэффициента платежеспособности предприятия и оценка его изменения;

5) определение финансовых коэффициентов и прогнозирование их изменения;

6) изучать эффективность использования денежных средств;

7) изучение состояния дебиторской и кредиторской задолженности;

8) дача рекомендаций и предложений по мобилизации неиспользованных возможностей.

Основными источниками финансового анализа являются следующие сведения:

1) бухгалтерский баланс;
2) отчет о финансовых результатах;
3) отчет об основных средствах;
4) отчет о движении денежных средств;
5) отчет о частном капитале;
6) сведения о дебиторской и кредиторской задолженности.

Если предприятие полностью обеспечено источниками материального оборота, его можно назвать финансово устойчивым предприятием. Поэтому под финансовой устойчивостью следует понимать уровень покрытия объема существующих товарных резервов источниками материального оборотного капитала. Основным источником изучения и анализа состояния финансовой устойчивости является бухгалтерский баланс. Рассмотрим способы определения и анализа финансовой устойчивости на основе следующей модели бухгалтерского баланса:

$$U + Z + P + D = W + Q + B + K,$$

в котором:

U – долгосрочные активы;

Z - товарно-м обыкновенные резервы (материальные ценности);

П – денежные средства и ценные бумаги;

Д - дебитор по долгам;

W – источники собственных средств;

Q — долгосрочные долги и кредиты;

V – краткосрочные кредиты и долги банков и других организаций;

К – кредиторская задолженность. Символы $Z+P+D$ в этой модели обозначают текущие активы, а символы Q + B + K представляют собой обязательства. Как видно из балансово-балансовой модели, активы (экономический капитал) формируются за счет двух источников - собственного и заемного капитала. Кредитные средства делятся на две части:

1) долгосрочные обязательства;
2) краткосрочные обязательства.

Долгосрочные обязательства являются одним из источников основных средств. Краткосрочные обязательства являются одним из источников оборотных активов. Итак, оборотные активы могут формироваться из двух источников. Это можно определить с помощью приведенной выше модели баланса:

$$Z + P + D = (W + Q - U) + B + K.$$

Из этой формулы видно, что оборотные активы экономики организованы на основе двух источников, т.е. источников собственных оборотных активов (W+Q-U) и краткосрочных заемных средств (B+K). Согласно критерию финансовой устойчивости, если объем материальных оборотных средств полностью покрыт источниками оборотного капитала, предприятие является финансово устойчивым, имеет возможность погасить свои краткосрочные долги, то есть имеет платежеспособность – это предприятие. Другими словами, это показывает, что компания имеет финансовую стабильность или что она сильна. Если сумма оборотного капитала покрывается или увеличивается за счет источников оборотного капитала компании, компания считается финансово устойчивым предприятием, то есть имеет возможность погасить краткосрочные обязательства. Такое предприятие называется платежеспособным. Эту ситуацию можно выразить следующим образом:

$Z < W+Q - U$.

Если сумма источников оборотного капитала равна сумме товарно-материальных запасов ($Z = W+ Q - U$), то общая сумма денежных средств, ценных бумаг и дебиторской задолженности (P+D) является краткосрочной Кредиторами с кредитами и долгами, равная общая сумма долга (Б+К):

П+Д=Б+К.

Если сумма ресурсов, составляющих оборотный капитал, превышает сумму материальных запасов ($Z < W+ Q —U$), денег,

Общая сумма ценных бумаг и дебиторской задолженности (P+D) превышает общую сумму краткосрочных обязательств (В+К):

П + Д > Б+К.

Если сумма P+D больше или равна сумме В+К, то предприятие имеет достаточно средств для погашения (оплаты) своих краткосрочных обязательств. Таким образом, коэффициент корреляции между объемом ресурсов на организацию материальных оборотных средств и материальными резервами определяет состояние уровня финансовой устойчивости. Источники оборотного капитала, в свою очередь, делятся на два типа: 1) источники собственного оборотного капитала; 2) основные источники материальных оборотных средств. Для определения оборотного капитала предприятия необходимо к источникам собственных средств (О') прибавить долгосрочные долги и займы (О) и из их общей суммы вычесть сумму долгосрочных активов (U):

Z = W+ Q – U:O где:

З.-означает сумму основных фондов (W+Q-U).

Затем анализируется уровень финансовой устойчивости путем сравнения этого показателя с объемом имеющихся товарно-материальных запасов. Для этого определяется изменение (меньше или больше) имеющихся резервов путем прибавления/вычитания из суммы ресурсов и делается вывод. Наряду с собственным оборотным капиталом в организации материального оборотного капитала предприятия участвуют заемные средства, прежде всего краткосрочные банковские кредиты. Сумма этих источников дает понятие об основных источниках. Это можно выразить следующим образом:

Z + B знак равно (W+ Q -U)+ B .

в котором: V - краткосрочные кредиты и долги банков и других иностранных компаний.

Путем сравнения общего объема основных ресурсов с объемом располагаемого оборотного капитала (Z) определяют изменение (в большую или меньшую сторону), в результате через эти показатели оценивают состояние финансовой устойчивости экономики. Анализ проводится горизонтальным и вертикальным методами. Анализ выполняется путем сравнения показателей начала и конца периода, а также показателей конца периода с показателями начала периода. Иными словами, следует детально проанализировать уровень предложения оборотного капитала как в начале периода, так и в конце периода и состояние их изменения в конце периода по сравнению с началом периода.

Фермерское хозяйство, как и все производственные предприятия, представляет собой экономические отношения с различными предприятиями, организациями и учреждениями, то есть поставщиками товаров, покупателями и, в том числе, заготовительными организациями, налоговыми, банковскими, страховыми организациями. и имеет экономические отношения с другими кредиторами. Большое значение имеет то, чтобы эти экономические отношения происходили в рамках финансовой дисциплины, то есть осуществлялись в указанные сроки. Производить расчеты с поставщиками товаров, своевременно выплачивать долги, своевременно погашать кредиты коммерческих банков, своевременно платить налоги в государственный бюджет и т. д., взыскивать долги с покупателей и в том числе с подготовительных организаций. Расчет таких процессов, как своевременный сбор, требует глубоких знаний экономического анализа. Результаты этих процессов отражаются в показателях, отражающих платежеспособность экономики, поэтому основной целью анализа является изучение уровня платежеспособности и определение возможностей ее повышения. Для достижения этой цели перед анализом стоят следующие основные задачи.

1) определение и расчет размера платежных средств и платежных обязательств;

2) определение показателей платежеспособности во всех ее видах;

3) определять факторы, влияющие на платежеспособность, рассчитывать и оценивать их влияние;

4) показать возможности повышения уровня показателя платежеспособности.

Для эффективного решения этих задач необходимо постоянно анализировать все показатели платежеспособности. Процедура расчета и анализа описана далее в этой главе. Особые группы кредиторской и кредиторской задолженности по бухгалтерскому балансу. Коэффициент платежеспособности является одним из основных показателей оценки финансового состояния предприятия. Платежеспособность предприятия на балансе оценивается через показатели ликвидности оборотных активов. Баланс является основным источником анализа показателей ликвидности. Бухгалтерский баланс будет полностью отражать хозяйственные фонды и источники их формирования. Хозяйственные фонды отражаются в активах баланса, а их источники — в пассивах. В настоящее время экономические фонды отражаются в балансе как «Долгосрочные активы» и «Оборотные активы», а их источники – как «Источники собственных средств» и «обязательства».

Способность экономики покрывать краткосрочные обязательства своими оборотными активами называется балансовой ликвидностью. Другими словами, ликвидность баланса представляет собой уровень способности платить по долгам. Уровень ликвидности баланса определяется путем деления оборотных активов предприятия на краткосрочные обязательства. то есть определяется индекс платежеспособности. Платежеспособность означает способность своевременно погашать обязательства.

Ликвидность активов означает конвертацию (переход) активов в денежные средства с течением времени. Время, необходимое для превращения активов в наличные, отражает их скорость. Чем меньше времени требуется для того, чтобы каждый вид актива принял форму денег, тем выше его ликвидность. Прежде чем приступить к анализу платежеспособности по балансу, целесообразно сгруппировать статьи балансовых активов и пассивов по их особым признакам. Средства предприятий в активах баланса делятся на специальные группы по «уровню ликвидности (то есть скорости обращения в деньги)» и источники поступления средств предприятий в пассивы баланса по «уровню условий оплаты».

Активы баланса делятся на следующие 4 группы по скорости обращения в деньги и анализируются:

А1 – наиболее ликвидные активы. Их еще называют оборотными активами. В эту группу входят все денежные средства и краткосрочные вложения (ценные бумаги) предприятия;

А2 – быстрореализуемые активы. Вся дебиторская задолженность включена в эту группу. Мы считаем, что в эту группу необходимо включить стоимость готовой продукции, товаров, а также выращенной и откормленной продукции, но поскольку в балансе стоимость выращенной и откормленной продукции не выделяется, мы взяли и проанализировали размер этой группы. группировать как стоимость дебиторской задолженности, готовой продукции и товаров.

А3 – медленно реализуемые активы; Резервы материального производства полностью включены в эту группу. По нашему мнению, в эту группу следует включить производственные резервы (без учета затрат на выращивание и животноводство), незавершенное производство и долгосрочные инвестиции за вычетом затрат следующего периода.

А4 – труднореализуемые активы. В эту группу входят «Долгосрочные активы». На наш взгляд, в эту группу было бы целесообразно включить остальную часть суммы, за исключением долгосрочных инвестиций.

Балансовые обязательства разделены на следующие 4 группы по «уровню погашения» и проанализированы:

П1 – Обязательства, подлежащие оплате по скорости. В эту группу входят текущая кредиторская задолженность и банковские кредиты, которые не были погашены в срок. Текущая кредиторская задолженность определяется путем вычета из кредиторской задолженности кредиторской задолженности, срок погашения которой продлен решениями Кабинета Министров.

П2 – краткосрочные обязательства. В эту группу входят краткосрочные кредиты и краткосрочная задолженность, за исключением кредитов, не погашенных в срок. Для определения их размера необходимо вычесть сумму краткосрочных кредитов и долгов, срок погашения которых продлен решениями Кабинета Министров. Их следует назвать умеренными краткосрочными кредитами и долгами.

П3 – долгосрочные обязательства. В эту группу входят долгосрочные кредиты и долгосрочные долги.

Р4 – постоянные пассивы. В эту группу входят все статьи 1-го раздела пассивов баланса, то есть сумма «Источники собственных средств» считается постоянными пассивами. После разделения активов и пассивов баланса на специальные группы определяют показатели ликвидности (платежеспособности) и на их основе анализируют показатель платежеспособности.

Основной целью предпринимательской деятельности является получение большей чистой прибыли. При осуществлении любой экономической деятельности в первую очередь расходуются ресурсы, то есть производятся расходы. Чтобы добиться более высокой чистой прибыли, необходимо правильно спланировать эти расходы, реализовать каждую единицу расходов таким образом, чтобы она приносила как можно больше прибыли. Чем выше размер чистой прибыли, полученной на каждую единицу затрат, тем выше уровень экономической эффективности, и наоборот. Повышение уровня экономической эффективности создает возможности для развития расширенного воспроизводства на предприятии и материального стимулирования работников. При этом будет обеспечено внедрение новой техники и эффективных технологий.

Основные методы анализа данных	Types of analysis

1. **Trand**	Analysis of the dynamics of changes in the value of indicators describing the efficiency of enterprise activity over several years
2. **Composition**	Structural analysis of the directions of the company's activities that generate profit
	Analysis of the composition of profit by product (service) types
3. **Comparison**	Comparison of the actual indicators of the reporting year with the planned indicators of the reporting year
	Comparison of the actual indicators of the reporting year with the actual indicators of the base year
4. **Factorial**	Factor analysis of enterprise income
	Factor analysis of enterprise profit indicators

Таблица 1.1. **Методы оценки эффективности деятельности предприятия**

Абсолютные и относительные показатели используются для оценки экономической эффективности предприятия. В соответствии с положением «О структуре затрат на производство и реализацию продукции (работ, услуг) и порядке формирования финансовых результатов», утвержденным постановлением Кабинета Министров Республики Узбекистан № 54 от февраля 5 января 1999 года определены экономические показатели эффективности сельскохозяйственных предприятий. В результате реализации продукции и оказания услуг средства, поступившие на номер счета фермерского хозяйства, составляют его валовой денежный доход. Чистый денежный доход определяется путем вычитания из валового денежного дохода косвенных налогов (налога на добавленную стоимость, акцизного налога).

Валовой доход предприятий определяется путем вычета из стоимости валового продукта суммы амортизации используемых основных фондов. Его можно определить по следующей формуле:

ВВП = ВВП - Как

Одним из основных показателей, используемых для оценки экономической эффективности, является прибыль. Оценить экономическую эффективность производства и экономический потенциал предприятия можно через размер прибыли.

Виды льгот, используемых при оценке эффективности деятельности предприятия:

1. сумма валовой прибыли. Этот показатель определяется путем вычитания расходов, включенных в себестоимость производства реализованной продукции, из чистого дохода от реализации продукции. Его можно определить по следующей формуле:

ЯФ = СПТ - ИЧТХ

2. прибыль от основной деятельности. Для определения этого показателя его определяют путем вычитания расходов периода из валовой прибыли и прибавления прочих доходов от основной деятельности и вычета прочих убытков от основной деятельности. Для этого можно использовать следующее уравнение:

прибыль от операционной деятельности. Для определения этого показателя его определяют путем вычитания расходов периода из валовой прибыли и прибавления прочих доходов от основной деятельности и вычета прочих убытков от основной деятельности. Для этого можно использовать следующее уравнение:

АФФ = ЯФ - ДХ + АФБД - АФБЗ

Затраты периода представляют собой сумму операционных и трансакционных издержек предприятия. Затраты, связанные с реализацией продукции, также относятся к расходам периода.

Прочие доходы от основной деятельности включают:

1. Штрафы, пени, пени, взысканные или признанные должником, непогашенная задолженность и штрафы за нарушение условий хозяйственных договоров, а также доходы от взыскания убытков;

2. Прибыль прошлых лет, определенная в отчетном году;

3. Доходы от реализации основных средств и других активов;

4. Доходы, полученные от списания просроченной кредиторской задолженности;

5. Доходы, полученные от списания просроченной кредиторской задолженности;

6. Прочие доходы в виде поступлений от общепитовых отраслей хозяйства и доходов от вспомогательных услуг;

7. Государственные субсидии и объективная финансовая поддержка.

Прибыль от общеэкономической деятельности. Для определения этого показателя его определяют путем сложения доходов от финансовой деятельности с прибылью от основной деятельности и вычитания расходов от финансовой деятельности. Для этого можно использовать следующую формулу:

UFF = AFF + MFD − MFX

К доходам от финансовой деятельности относятся:

1. Доходы, полученные от участия в деятельности других хозяйствующих субъектов на территории Республики Узбекистан или за ее пределами с добавлением доли, дивиденды, полученные по акциям, а также доходы по облигациям и ценным бумагам, принадлежащим экономике;

2. доходы от сдачи недвижимости в аренду;

3. положительная курсовая разница по операциям с иностранной валютой;

4. положительная курсовая разница по операциям с иностранной валютой;

5. доходы от переоценки средств, потраченных на ценные бумаги, дочерние компании и т.п.;

6. другие доходы от финансовой деятельности.

Прибыль до вычета налога. Для определения этого показателя его определяют путем прибавления случайных (непредвиденных) доходов к прибыли от общехозяйственной деятельности и вычитания случайных потерь. Для этого можно использовать следующую формулу:

СТФ = УФФ + ТД – Т

Случайная прибыль — это неожиданная, случайная прибыль, возникающая в результате операций, выходящих за рамки нормальной деятельности субъекта хозяйствования и носящая неожиданный характер.

Случайные потери – это статьи чрезвычайных расходов, возникающие в результате событий или операций, отклоняющихся от нормальной деятельности предприятия и не ожидающихся возникновения.

Для того чтобы та или иная статья расходов была отражена в качестве статьи чрезвычайных убытков, она должна соответствовать следующим критериям:

- несовместимость с нормальной хозяйственной деятельностью предприятия;
- не следует повторять в течение нескольких лет;
- что это не зависит от решений, принимаемых руководителем.

чистая прибыль. Для определения этого показателя необходимо из прибыли до налогообложения вычесть сумму уплаченных налогов. Для этого используется следующая формула:

СФ = СТФ – СТ

Абсолютные показатели не позволяют в полной мере оценить экономическую эффективность. Например, два предприятия имеют по итогам года одинаковый финансовый результат, т.е. 400,0 млн. руб. составили суммы, это не означает, что уровень экономической эффективности на этих предприятиях одинаков.

При оценке экономической эффективности используются как относительные, так и абсолютные показатели. Одним из них является уровень доходности. Уровень рентабельности является основным критерием оценки экономической эффективности предприятий. Уровень рентабельности характеризует эффективность понесенных расходов, то есть показывает, сколько чистой прибыли было получено на каждую единицу понесенных расходов. Для определения уровня рентабельности чистая прибыль делится на расходы, включенные в полную себестоимость, и результат умножается на 100. При этом используется следующее равенство:

С помощью этого показателя определяется уровень экономической эффективности затрат в масштабе предприятия, отрасли или отдельной продукции. Чем выше уровень этих показателей, тем выше уровень экономической эффективности. Например, если норма рентабельности составляет 20 процентов, это означает, что на каждые потраченные 1000 сумов предприятие получило чистую прибыль в размере 200 сумов. Частные и общие показатели используются для оценки эффективности деятельности предприятия. Конкретные показатели могут включать:

1. эффективность использования каждого вида ресурсов;

2. эффективность реализации каждого вида продукции (услуги) на предприятии.

3. К общим показателям относятся:

4. эффективность всех ресурсов и продукции предприятия;

5. общая эффективность предприятия.

Процедура оценки эффективности деятельности предприятия осуществляется в несколько этапов.

Этап 1. Рассчитываются и оцениваются общие показатели рентабельности, отражающие эффективность производственной деятельности предприятия.

• Рентабельность продаж – обозначает долю чистой прибыли в выручке от продаж.

• Рентабельность реализованной продукции – относится к эффективности реализации продукции.

Этап 2. Рассчитываются и оцениваются показатели эффективности использования ресурсов на предприятии.

Рентабельность оборотных средств означает эффективность использования оборотных средств предприятия.

Рентабельность частного капитала означает эффективность использования частного капитала предприятия.

Рентабельность вложенного капитала означает эффективность вложенных в деятельность предприятия средств.

Доходность заемного капитала означает эффективность использования компанией заемных средств.

Этап 3. Проводится факторный анализ показателей рентабельности. Цель – определить причины отклонения фактических показателей от показателей и плановых показателей в базовом периоде.

Шаг 4. Рассматриваются и оцениваются конкретные показатели эффективности, отражающие конкретные стороны деятельности предприятия. Они могут включать:

1. Себестоимость продукции;

2. Стоимость продукта и уровень заработной платы, соответствующий счету каждого сотрудника;

3. Вес элементов затрат в себестоимости продукции и т.д.

Для повышения экономической эффективности предприятия необходимо обратить внимание на следующие меры:

1. Мероприятия по увеличению валового продукта предприятия и повышению его качества:

2. Обеспечение внедрения в производство высокопроизводительной техники и технологий;

3. Повышение производительности труда на предприятии;

Для повышения экономической эффективности предприятия необходимо обратить внимание на следующие меры:

1. дальнейшее улучшение сырьевого обеспечения предприятий;

2. обеспечение надлежащего использования местных средств производства в производственных процессах на уровне спроса;

3. Оперативно реализовать мероприятия по улучшению качества продукции, процессов ее транспортировки и хранения и т.д.

Для повышения экономической эффективности предприятия необходимо обратить внимание на следующие меры:

1. Мероприятия по снижению себестоимости продукции на предприятии:

2. Эффективное размещение производства;

3. Механизация трудовых процессов в результате внедрения современных, прогрессивных технологий, эффективного использования существующих средств производства;

4. Совершенствование системы мотивации сотрудников;

ГЛАВА IV. ЗНАЧЕНИЕ И ОПЫТ КОМПЛЕКСНОЙ ОЦЕНКИ ЭФФЕКТИВНОСТИ ДЕЯТЕЛЬНОСТИ ПРЕДПРИЯТИЯ.

4.1 Экономическая необходимость комплексной оценки деятельности предприятия.

Комплексная оценка эффективности предприятия выявляет недостатки в работе организации, в результате чего предприятие тратит дополнительные ресурсы и получает меньше прибыли.

Если компания неправильно управляет финансами или использует неквалифицированный персонал, исследование может помочь выявить это.

В результате комплексной оценки эффективности деятельности предприятия будет выявлено:

1. экономия и более эффективное использование производственных ресурсов;

2. определить факторы, влияющие на доходы организации;

3. выявление проблем в системе управления;

4. Новый кадровый анализ и политическая деятельность.

5. анализ качества продукции и его улучшение;

6. определить наиболее перспективные и прибыльные направления (инвестиций);

7. поиск дополнительных возможностей для увеличения прибыли;

8. Оценка правильности использования капитальных производственных фондов.

Измерение эффективности деятельности организации дает четкое представление о ее состоянии. Это помогает руководству принимать стратегические решения на основе точных данных, а не эмоций. Это снижает риск нерационального распределения организационных ресурсов, перерасхода бюджета и других ошибок.

1. Экономия и более эффективное использование производственных ресурсов.

В условиях растущих экологических проблем и ограниченности природных ресурсов экономия производственных ресурсов становится неотъемлемой частью устойчивого развития. Способность общества эффективно использовать материалы, энергию и время играет ключевую роль в создании чистых и экономически эффективных производственных процессов. В этой статье мы исследуем важность сохранения ресурсов, рассмотрим методы и его положительное влияние на окружающую среду и экономику. Основной акцент делается на создании стабильного фундамента для будущих поколений и формировании ответственного подхода к потреблению. Экономия производственных ресурсов играет решающую роль в современном обществе по нескольким основным причинам.

1) Сохранение природной среды: эффективное использование ресурсов снижает негативное воздействие производства на окружающую среду, уменьшает количество отходов и загрязнений, что способствует сохранению биоразнообразия и повышению экологической устойчивости.

2) Сохранение ограниченных ресурсов. Многие природные ресурсы, такие как нефть, газ и металлы, ограничены. Экономия позволяет оптимально их использовать, обеспечивает стабильность и сбережения для будущих поколений.

3) Сокращение затрат и повышение конкурентоспособности. Экономия ресурсов приводит к снижению затрат на материалы, энергию и утилизацию отходов, что, в свою очередь, делает предприятия более конкурентоспособными и устойчивыми в долгосрочной перспективе.

4) Развитие новых рынков: растущий интерес к экологически устойчивым продуктам и услугам дает возможность создавать новые рынки, стимулировать

инновации и расширять бизнес. В целом экономия производственных ресурсов является важным фактором, обеспечивающим баланс между экономическим развитием и охраной природы, и весьма актуальна в контексте современных проблем устойчивого развития. Методы экономии производственных ресурсов Эффективное управление производственными ресурсами становится важным фактором достижения устойчивого развития. Существует ряд методов, которые предприятия могут использовать для экономии ресурсов и повышения эффективности своих производственных процессов.

а) Технологические инновации. Использование передовых технологий является основным элементом стратегии ресурсосбережения. Внедрение чистых технологий, таких как возобновляемые источники энергии, не только снижает зависимость от нефти и газа, но и снижает выбросы. Современные методы производства, такие как 3D-печать и автоматизация, оптимизируют использование материалов, сокращают отходы и повышают точность производства.

б) Образование и обучение В процессе экономии ресурсов важную роль играет обучение сотрудников новым методам управления ресурсами. Программы обучения, ориентированные на эффективное использование материалов, энергии и времени, помогают сотрудникам лучше понимать воздействие своей деятельности на окружающую среду и стимулируют поиск новых, более эффективных решений.

в) Системы управления ресурсами. Современные системы управления ресурсами позволяют более тщательно контролировать использование материалов и энергии на предприятии. ERP-системы (системы планирования ресурсов предприятия) и системы энергомониторинга позволяют руководству более эффективно планировать производственные процессы, минимизировать потери и лишние затраты.

г) Экологическая оптимизация продукции. Разработка продукции, направленной на обеспечение экологической устойчивости, является важным аспектом экономии ресурсов. Это включает в себя использование более эффективных материалов, разработку продуктов с учетом вторичной переработки и продление срока службы продуктов.

д) Интеграция концепции «Замкнутого цикла». Принцип «Замкнутого цикла» предполагает максимальное повторное использование материалов и минимизацию отходов. Применение цикличности включает в себя переработку, повторное использование материалов и продвижение экологически чистой упаковки.

2. Определение факторов, влияющих на доходы организации.

Изучая эффективность доходов организации, мы приходим к следующим факторам, влияющим на нее:

а) размер компании,
б) операционная эффективность,
в) чистый оборотный капитал,
г) ликвидность, рентабельность,
д) материальные активы,
е) возможности роста,
ж) возраст компании,

h) капитальные затраты,
и) долг,
к) кредитный риск
л) включает информацию по учету кадров.

Размер фирмы и операционная эффективность тесно связаны с финансовыми показателями.

Операционная эффективность — это мера того, насколько хорошо компания использует свои ресурсы для предоставления своих услуг и продуктов. Чем меньше ресурсов, таких как рабочее время, деньги и инвентарь, «тратится» впустую при производстве товаров и услуг, тем более эффективны бизнес-операции.

Чистый оборотный капитал – показатель, показывающий наличие ликвидных активов у компании и используемый для анализа финансовой платежеспособности компании. С точки зрения экономиста, чистый оборотный капитал и оборотный капитал представляют собой схожие понятия и характеристики капитала и часто означают одно и то же (по крайней мере, в англо-американском финансовом институте существует сходство между этими двумя терминами).

Материальные активы представляют собой физическое имущество: землю, здания и сооружения, оборудование. Обычно компании или частные лица используют их для ведения бизнеса или сдают в аренду, чтобы заработать деньги. То же самое происходит и на уровне города.

Это затраты компании на приобретение и обновление текущих активов. Эти инвестиции могут быть связаны с основными средствами (зданиями, сооружениями, оборудованием) и различными видами нематериальных активов (например, лицензиями и патентами). Если говорить о долгосрочных активах со сроком полезного использования более 1 года, то затраты компании относятся к категории CAPEX.

Общая задолженность предприятия представляет собой сумму кредитов и долгов, привлеченных предприятием. Это можно рассчитать, используя данные баланса. В самом общем смысле он соответствует сумме краткосрочных и долгосрочных долгов и кредитов.

Кредитный риск – это возможность убытков вследствие неуплаты клиентом финансовых обязательств или несвоевременной оплаты.

Человеческие ресурсы – это квалифицированные специалисты, работающие в организации. Управление человеческими ресурсами, по сути, представляет собой управление персоналом и фокусируется на сотрудниках, которые являются активом предприятия. В связи с этим таких сотрудников иногда называют человеческим капиталом.

Выявление проблем в управлении предприятием.

Важнейшим фактором, влияющим на эффективность предприятия, являются проблемы в управлении предприятием. Приведем практический пример, один из самых распространенных. Компания пытается продать конкретный продукт или услугу. Однако руководство не удовлетворено результатами. Чем дольше это продолжается, тем хуже, поскольку затраты съедают инвестиции, а прибыли еще не видно.

Лидер, согласно модели, начинает рассматривать проблемы, лежащие на поверхности. Например, многие люди начинают с рекламы. Может быть, этого недостаточно, или плохой дизайнер создал плохие рекламные материалы? Или рекламы просто недостаточно? Вопросов много, но ответ один: расходы на рекламу растут. Если эффекта от рекламы нет, руководитель сразу начинает искать другие причины и замечает, что менеджеры по продажам как-то не так работают. В последнее время стало модно говорить о мотивации продавцов и сотрудников в целом. Он начинает искать ответ в книгах, форумах и блогах продвинутых менеджеров. Когда HR-ресурсы исчерпаны, появляется последний аргумент – цена. Потенциальным клиентам предлагаются скидки и низкие цены. А это может привести к увеличению продаж. Но низкие цены не всегда приносят достаточную прибыль. Финансовое положение компании может стать нестабильным. Начинается борьба с издержками. Рекламные бюджеты сокращаются, программы материального и нематериального стимулирования (называемые стимулами) сворачиваются, лояльность клиентов становится незаинтересованной, качеству продукции или услуг уделяется все меньше внимания.

4. Политика заменяемого персонала.

Именно этот показатель определяет важнейшую часть комплексной оценки предприятия. Если комплексно оцениваемое предприятие не достигает требуемого результата или не удовлетворено результатом, необходимо обратить внимание на этот показатель. Мы можем видеть статистику корпоративной стратегии замены сотрудников на более опытных в ряде европейских стран.

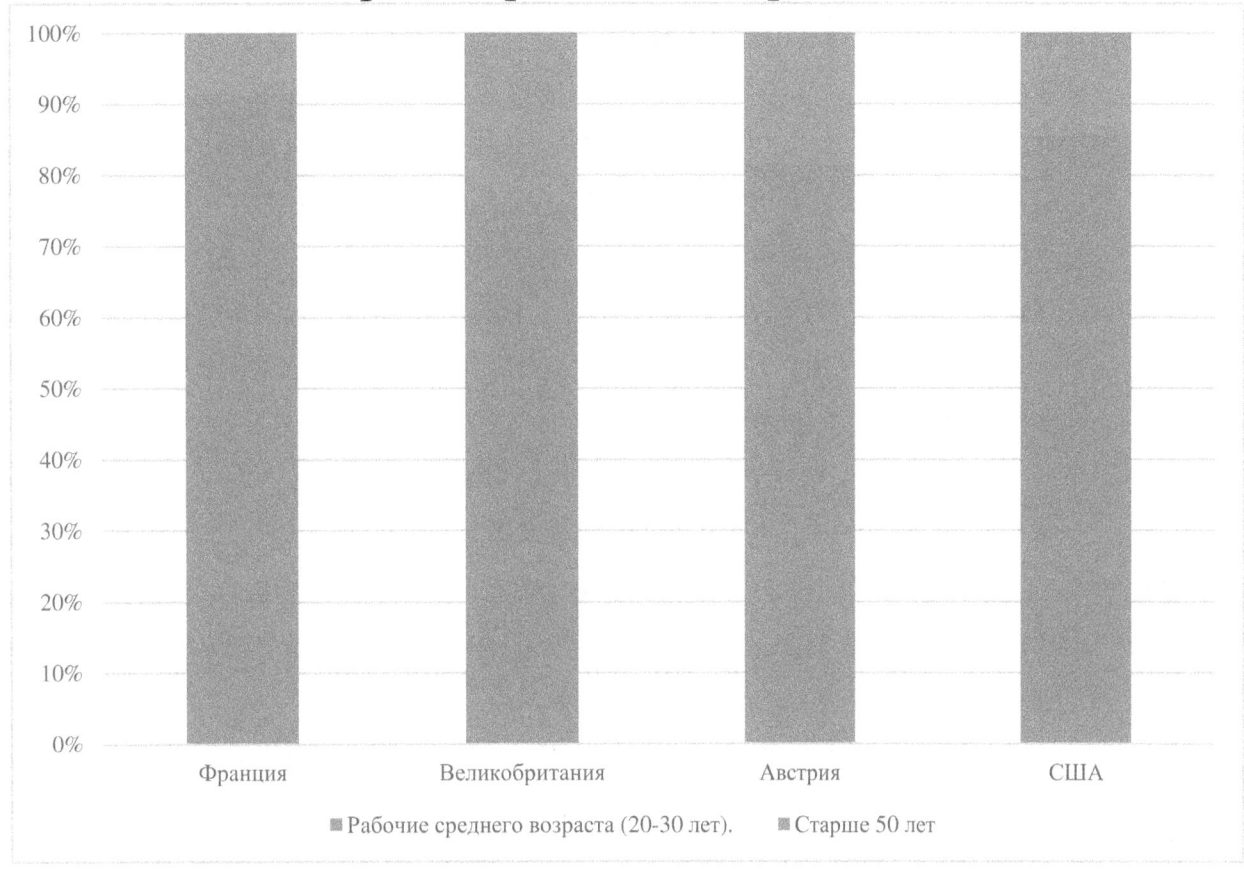

Рисунок 4.1. **Анализ персонала США и стран Европы по возрасту (в процентах).**

5. Анализ качества продукции и его улучшение.

В условиях либерализации экономики большое значение приобретает повышение качества продукции. Под качеством понимается уровень товарности продукта и наличие у него высоких классификационных знаков по вкусу потребителей, а также национальных и международных стандартов, установленных для этого продукта. Уровень товарности характеризует тот факт, что он имеет своего покупателя как элемент предложения, а его классификационные характеристики характеризуют совместимость технико-экономических, социально-экономических, эколого-экономических характеристик.

Большое внимание всегда уделялось качеству выпускаемой продукции, поскольку именно качество продукции позволяет лучше удовлетворять потребности потребителей, изобилие товаров, увеличению денежного выражения объема производства, а также общественное благосостояние. дает возможность сэкономить на капитальных вложениях и увеличить прибыль в сетевой отрасли.

Качество продукта можно комплексно оценить по двум категориям:

1) Категория высокого качества;

2) Первая категория качества.

По этим категориям качества изучается соответствие продукции требованиям международных и национальных стандартов.

Повышение качества продукции ускоряет процесс реализации, полностью удовлетворяет спрос на продукцию, ускоряет товарно-денежное обращение, увеличивает возможности экспорта. Качество продукции измеряется системой показателей. По характерным свойствам его выделяют по показателям пригодности по заданным свойствам, спелости и полноты, долговечности, соответствия международным и национальным стандартам.

Повышение качества приводит к увеличению стоимости выпускаемой продукции и увеличению прибыли.

а. Система показателей, отражающих качество продукции:

б. Доля новой продукции в общем объеме производства;

в. Доля сертифицированной и несертифицированной продукции;

д. Доля продукции высшего сорта (категории);

е. Доля продукции, соответствующей требованиям мирового стандарта;

Доля экспортируемой продукции, в том числе высокоразвитым промышленным предприятиям;

Помимо общих показателей, качество характеризуют и индивидуальные характеристики каждого товара. Например, жирность молока, теплота угля, долговечность, зрелость некоторых продуктов; изделие имеет эстетичный вид; совместимость с техникой и т.д.

Жалоба – это возражение, высказанное потребителем относительно качества товара.

Потребитель имеет право предъявить претензию поставщику товара в течение гарантийного срока и взыскать штраф. Товар должен иметь полную комплектацию. Только тогда он считается готовым продуктом.

В легкой промышленности продукция разделяется на сорта. При разделении продукта на сорта его качество можно выразить следующими показателями:

1. Средний коэффициент разнообразия.

2. Средняя цена реализации единицы продукции.

На качество продукции обычно влияют следующие факторы:

а) Качество используемого сырья и материалов;

б) Квалификация и уровень технической подготовки работников;

в) состояние техники и технологий, задействованных в производстве, и его прогресс;

г) ответственность рабочих и служащих за качество продукции и их материальное стимулирование и т.д.

В нашей республике важнейшим показателем, комплексно оценивающим и анализирующим качество продукции, являются показатели, установленные Государственным комитетом по стандартизации Узбекистана.

6. Определение наиболее перспективных и прибыльных направлений (инвестиций).

Большое значение имеет анализ деятельности компании и поиск наиболее перспективного и прибыльного пути для определения необходимых стратегических решений. Поскольку предприятие оценивается комплексно, существующие проблемы сводятся к тому, что бизнес может быть перспективным или низкорентабельным и развивается на предприятии без очень высокого инвестиционного климата.

Определены такие приоритеты, как всестороннее социально-экономическое развитие нашей страны, поддержание макроэкономической стабильности, активная инвестиционная политика, инновационное развитие, повышение благосостояния населения, и в настоящее время в этих сферах реализуются масштабные реформы. В связи с этим уделяется внимание активной инвестиционной политике как важнейшему фактору экономического развития. Если обратить внимание на мировой опыт, то сейчас наиболее эффективным и выгодным способом развития экономики считается привлечение большего количества инвестиций в экономику. В нашей стране проводится большая практическая работа по созданию благоприятной инвестиционной среды, предоставлению инвесторам всесторонних льгот и тем самым увеличению притока инвестиций в экономику. Это, в свою очередь, положительно влияет на объем инвестиций, поступающих в экономику нашей страны, причем объем инвестиций увеличивается с каждым годом. Задача сейчас – создать в нашей стране благоприятную, всесторонне улучшенную инвестиционную среду, усовершенствовать механизм эффективного использования привлеченных инвестиций и усовершенствовать процесс распределения привлеченных инвестиций по регионам, не допускать недостатков в сферах при привлечении инвестиций. каждому месторождению, и проводить работы, направленные на развитие месторождения.

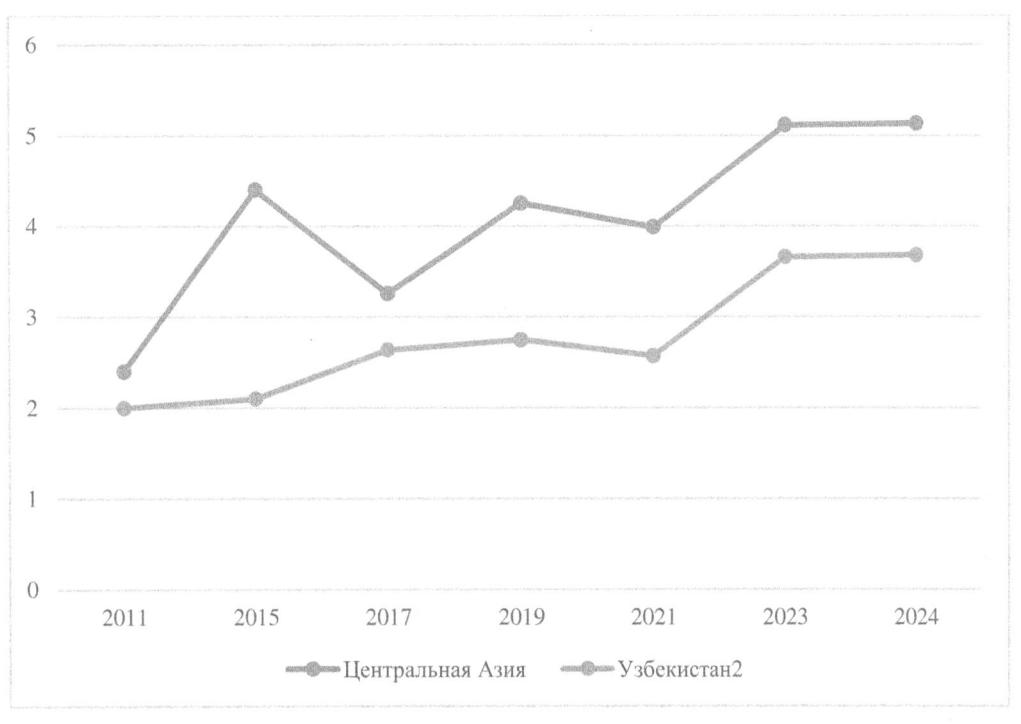

Рисунок 2.2. Ежегодный анализ притока инвестиций в Центральную Азию и Узбекистан (около ста миллионов долларов).

7. Поиск дополнительных возможностей для увеличения прибыли

Понятия объема реализованной продукции, расходов и прибыли широко используются при оценке деятельности предприятий. Средства, полученные от реализации товаров и услуг на предприятиях, называются их кассовыми поступлениями или денежными доходами. Компания, после вычета из денежного дохода всех расходов, оставшаяся часть остается в виде прибыли. В некоторой литературе это также называют экономической выгодой.

Когда товары и услуги продаются, их общая стоимость превращается в денежный доход, а добавленная к ним стоимость — в прибыль. Из этого видно, что реальным источником прибыли является побочный продукт или добавленная стоимость. Но следует сказать, что во всем обществе, а иногда и в одной стране, масса прибыли и масса прибавочной стоимости могут быть количественно равны друг другу. Но дополнительный продукт, созданный на отдельных предприятиях и в отраслях, может не равняться сумме прибыли. Потому что дополнительная продукция, созданная в одной отрасли или группе предприятий, передается другим предприятиям и отраслям в виде прибыли за счет изменения соотношения спроса и предложения и механизма цен. Если из общей прибыли предприятия исключить платежи в бюджет (в основном налоговые платежи), выплаты банкам (проценты по кредитам) и другие обязательства, то чистая прибыль предприятия остается. Учетная прибыль формируется в результате вычитания внешних издержек производства из общей суммы денег, полученных за реализованную продукцию. Следовательно, бухгалтерская прибыль превышает экономическую прибыль на сумму внутренних затрат. В этом случае внутренние затраты всегда включают нормальную прибыль. Абсолютной величиной прибыли предприятия является его масса. Отношение массы прибыли к издержкам производства и выражение ее в процентах называется нормой прибыли. На практике используются два варианта расчета нормы прибыли. Это отношение прибыли к текущим расходам - расходам предприятия или авансовым фондам (основному и оборотному капиталу).

Они определяются как:
1. $R' = (P/W) \cdot 100$

где: R' — норма прибыли; П – масса прибыли; W – экономические или производственные затраты;

$R' = (П/К_{аванс}) \cdot 100$

где: R' – норма прибыли; П – масса прибыли; $К_{аванс}$ (Основной капитал + Оборотный капитал) - авансированные средства предприятия или среднегодовая стоимость основного и оборотного капитала. Норма прибыли прямо пропорциональна объему произведенной продукции и обратно пропорциональна стоимости использованных авансовых средств. В связи с этим норма прибыли является интегральным показателем эффективности работы предприятия. Рост прибыли может быть достигнут без изменения общего объема выпуска двумя способами: либо за счет снижения издержек производства, либо за счет повышения цен. Рост цен заставил некоторых экономистов критиковать норму прибыли как непоправимо ошибочную и, следовательно, совершенно неподходящую меру эффективности.

В 2000 году в нашей республике действовало 169 тысяч предприятий, а к концу года оборот составил 307,6 миллиарда. 139 компаний получили прибыль в размере 24,7 миллиарда сумов. 35% общей прибыли было направлено промышленности, 20,3% - транспорту, 11,1% - торговле и общественному питанию, 5,2% - строительным предприятиям. эффективность его производственно-экономической и финансовой деятельности можно оценить с помощью абсолютных и относительных показателей. Первый – это баланс, его формирование и элементы чистой прибыли предприятия, второй – показатели рентабельности. Экономический анализ является важнейшим этапом предыдущего планирования и прогнозирования финансовых ресурсов предприятия, их эффективного использования. Результаты анализа являются основой для принятия управленческих решений на уровне управления предприятием и являются источником для работы финансовых менеджеров.

Задачи анализа финансовых результатов заключаются в следующем:

- оценка динамики баланса и показателей чистой прибыли;

- исследование составляющих элементов формирования грузовой прибыли;

- выявить и измерить влияние благотворных факторов;

- анализ показателей рентабельности;

- выявление резервов роста доходов и методов их выявления и мобилизации.

Следующий этап – экономический анализ с учетом планирования прибыли и других финансовых результатов, выводы. Основная цель планирования — максимизировать доход, что максимизирует доход. Важно выйти за рамки суммы чистой прибыли. Задача увеличения чистой прибыли предприятия тесно связана с оптимизацией суммы налога с целью предотвращения фактического кровотечения и несправедливых выплат.

Объектом распределения является баланс предприятия. В период его распределения под ним понимают направление прибыли от использования в бюджет и на предприятие. Законное распределение прибыли регулируется в той ее части, которая поступает в бюджеты разных уровней в виде налогов и других обязательных платежей. Определение использования доходов с использованием нераспределенной прибыли предприятия является частью деятельности предприятия.

Баланс представляет собой совокупность прибылей от торговли, работ и услуг, прибыли от других торговых и нетехнических операций.

Чистая прибыль – это прибыль, оказавшаяся в распоряжении компании после уплаты соответствующих налогов. Этот баланс позволяет решать задачи предприятия и использовать его без какого-либо регулирования. Цели предприятия могут создавать фонды и резервы, которые используются в качестве дополнительных источников дополнительных затрат, не включаемых в дополнительные источники производства.

Кооперативные платежи - участие в хозяйственной деятельности потребительского общества или их доля, если уставом потребительского общества предусмотрено иное, распределяются между пайщиками.

Как правило, резервный фонд составляет 10-50% по предприятию (существуют акционерные общества с соответствующими формами создания резерва и соответствующими формами собственности). Необходимость создания резерва – это рыночная экономика. Предприятия являются субъектами рискованной деятельности. Поэтому создается резерв на ликвидацию предприятия для покрытия ликвидационных счетов предприятия. Помимо прибыли общества, фонд эмиссионных доходов общества — разница между номинальной ценой и ценой реализации.

Резервным фондом признается фонд, предназначенный для чрезвычайных ситуаций и установления порядка его использования и использования, и фонд, планируемый к определению обществом или объединением его потребления; Распределение прибыли отражает процесс формирования средств для производства средств предприятия и финансирования нужд развития социальной сферы. Принципы распределения прибыли после уплаты налогов могут оказаться в распоряжении компании:

оно должно обеспечивать развитие и улучшение результатов производственно-экономической и финансовой деятельности; оно прежде всего обеспечивает его будущее развитие и только в потреблении;

может быть уменьшен путем применения льгот по расходам при распределении доходов по налогу на прибыль.

Распределение приносит пользу оставшейся части бизнеса после уплаты всех налогов и других обязательных сборов.

Нераспределенная прибыль является многоцелевым источником финансирования этой потребности. Весь доход, который остается в распоряжении предприятия, имеет двойную форму: «в обобщении» и «на потребление». Первый — воспользоваться увеличением активов компании и усилением процесса накопления. Второе использование не приводит к образованию новой собственности и характеризует долю прибыли, идущую на потребление. При этом не обязательно, чтобы весь доход накапливался для полного использования. Остатки прибыли, которые не используются для увеличения имущества, имеют важную резервную стоимость и могут быть использованы для покрытия убытков, которые финансируют различные расходы в последующие годы. Соотношение распределения доходов на накопление и потребление определяет перспективы развития предприятия.

Задачи анализа финансовых результатов заключаются в следующем:

- оценка динамики баланса и показателей чистой прибыли;
- исследование составляющих элементов формирования грузовой прибыли;
- выявить и измерить влияние благотворных факторов;
- анализ показателей рентабельности;

- выявление резервов роста доходов и методов их выявления и мобилизации.

Следующий этап – экономический анализ с учетом планирования прибыли и других финансовых результатов, выводы. Основная цель планирования — максимизировать доход, что максимизирует доход. Важно выйти за рамки суммы чистой прибыли. Задача увеличения чистой прибыли предприятия тесно связана с оптимизацией суммы налога с целью предотвращения фактического кровотечения и несправедливых выплат.

Объектом распределения является баланс предприятия. В период его распределения под ним понимают направление прибыли от использования в бюджет и на предприятие. Законное распределение прибыли регулируется в той ее части, которая поступает в бюджеты разных уровней в виде налогов и других обязательных платежей. Определение использования доходов с использованием нераспределенной прибыли предприятия является частью деятельности предприятия.

Баланс представляет собой совокупность прибылей от торговли, работ и услуг, прибыли от других торговых и нетехнических операций.

Чистая прибыль – это прибыль, оказавшаяся в распоряжении компании после уплаты соответствующих налогов. Этот баланс позволяет решать задачи предприятия и использовать его без какого-либо регулирования. Цели предприятия могут создавать фонды и резервы, которые используются в качестве дополнительных источников дополнительных затрат, не включаемых в дополнительные источники производства.

Кооперативные платежи - участие в хозяйственной деятельности потребительского общества или их доля, если уставом потребительского общества предусмотрено иное, распределяются между пайщиками.

Как правило, резервный фонд составляет 10-50% по предприятию (существуют акционерные общества с соответствующими формами создания резерва и соответствующими формами собственности). Необходимость создания резерва – это рыночная экономика. Предприятия являются субъектами рискованной деятельности. Поэтому создается резерв на ликвидацию предприятия для покрытия ликвидационных счетов предприятия. Помимо прибыли общества, фонд эмиссионных доходов общества — разница между номинальной ценой и ценой реализации.

Резервным фондом признается фонд, предназначенный для чрезвычайных ситуаций и установления порядка его использования и использования, и фонд, планируемый к определению обществом или объединением его потребления; Распределение прибыли отражает процесс формирования средств для производства средств предприятия и финансирования нужд развития социальной сферы. Принципы распределения прибыли после уплаты налогов могут оказаться в распоряжении компании:

оно должно обеспечивать развитие и улучшение результатов производственно-экономической и финансовой деятельности; оно прежде всего обеспечивает его будущее развитие и только в потреблении;

может быть уменьшен путем применения льгот по расходам при распределении доходов по налогу на прибыль.

Распределение приносит пользу оставшейся части бизнеса после уплаты всех налогов и других обязательных сборов.

Нераспределенная прибыль является многоцелевым источником финансирования этой потребности. Весь доход, который остается в распоряжении предприятия, имеет двойную форму: «в обобщении» и «на потребление». Первый — воспользоваться увеличением активов компании и усилением процесса накопления. Второе использование не приводит к образованию новой собственности и характеризует долю прибыли, идущую на потребление. При этом не обязательно, чтобы весь доход накапливался для полного использования. Остатки прибыли, которые не используются для увеличения имущества, имеют важную резервную стоимость и могут быть использованы для покрытия убытков, которые финансируют различные расходы в последующие годы. Соотношение распределения доходов на накопление и потребление определяет перспективы развития предприятия.

8. Оценка правильности использования капитальных производственных фондов.

Основными производственными фондами являются средства труда, используемые при производстве продукции (здания, сооружения, устройства и оборудование, транспортные средства и т. д.). Они служат долго, сохраняют естественную форму в процессе производства и постепенно передают свою ценность готовому изделию в процессе износа, пополняемого за счет капитальных вложений.

Для описания использования фондов производства используются различные показатели. Традиционно их можно разделить на две группы: общие и частичные показатели. Общие показатели используются для описания использования основных фондов на всех уровнях народного хозяйства - предприятиях, отраслях промышленности и народном хозяйстве в целом. К таким показателям относятся производительность и рентабельность капитала.

Индивидуальные показатели – это натуральные показатели, которые чаще всего используются на предприятиях и их подразделениях. Они разделены на интенсивные и индикаторные, широко используемые базовые инструменты. Показатели описывают стоимость продукции (выполненной работы) в единицу времени от интенсивного использования определенного вида оборудования (или производственных мощностей). Показатели экстенсивного использования основных средств характеризуют их использование с течением времени. К числу наиболее важных из этих показателей относятся следующие: плановые, режимные и календарные коэффициенты использования времени использования оборудования, сменность работы оборудования, индекс простоев внутри смены и т.д. В ходе анализа определяется динамика перечисленных показателей. показателей, изучается выполнение плана по их уровню, проводятся межхозяйственные сравнения. Источники данных для анализа: бизнес-план предприятия, план технического развития, бухгалтерский баланс предприятия, приложение к балансу, отчет о наличии и движении основных средств, баланс производственных мощностей, сведения о переоценке основных средств. основных средств, карточки инвентарного учета основных средств, проектно-сметная документация, техническая документация и т. д. Среди частных показателей экстенсивного использования наиболее важным является коэффициент замены оборудования, который определяется как отношение общего числа замен машин на день к общему количеству рабочих мест. Увеличение коэффициента сменности основных фондов на предприятии является важным источником увеличения объема производства и повышения эффективности использования основных фондов. В экономической практике коэффициент сменности использования машин и оборудования определяется как отношение количества машинных смен, отработанных оборудованием за сутки, к общему количеству установленного оборудования по следующей формуле:

$$К_{см} * МС / КО$$

где Ксм – коэффициент сменности использования оборудования; MS — сумма машинных смен, фактически отработанных за один день; КО – общее количество установленного оборудования.

Основным направлением повышения эффективности использования оборудования является улучшение его конструкции и повышение уровня энергопотребления. Экономические показатели, которые должны устранить относительную избыточность оборудования, влияют на значимость предприятий. Показателем интенсивного использования основных средств является количество простоев в течение смены, которое зависит от планового фонда рабочего времени оборудования. Основными причинами простоя оборудования в смену являются плохая организация производства, несвоевременная загрузка рабочих, неправильная эксплуатация оборудования и т. д. Для устранения этого недостатка необходимо в первую очередь улучшить организацию производства. налаживание учета и контроля работы оборудования. Увеличение коэффициента оборачиваемости является важнейшим показателем широкого использования основных фондов. Важную роль играют показатели использования производственных площадей и мощностей. Их рациональное использование позволяет увеличить производство капитального строительства, тем самым уменьшая количество необходимых пристроек. При этом сроки увеличиваются, поскольку на освободившихся производственных площадях можно организовать производство быстрее, чем осуществлять новое строительство. Среди показателей использования производственных площадей используются: коэффициент экстенсивного и интенсивного использования производственных площадей; Объем производства с 1 м3 производственной площади. Использование объектов оценивается на основе производственных характеристик объектов, обычно пропускной способности или мощности (водонапорные башни, бункеры, резервуары и цистерны и т. д.). Обобщающие показатели используются для определения уровня использования основных фондов на предприятиях. Важнейшим из них является рентабельность основных фондов. Этот показатель определяется как отношение стоимости произведенной за год продукции к среднегодовой стоимости основных фондов.

4.2 Зарубежный опыт комплексной оценки предпринимательской деятельности.

Законом Республики Узбекистан «О лицензировании, разрешительном и уведомительном порядке» также предусмотрено поощрение использования зарубежного опыта комплексной оценки эффективности предпринимательской деятельности и определения факторов, влияющих на нее.

В комплексной оценке эффективности предприятия нет такой области, в которой не анализировалась бы деятельность предприятия с использованием замечательных «четырех методов», принятых во всем мире. Поскольку эти четыре четко и всесторонне оценивают предприятие с точки зрения эффективности, в настоящее время не найдено более мощного и конкурентоспособного метода, чем эти методы. При анализе деятельности предприятия и комплексной оценке его эффективности используются следующие европейские методы:

1. Трендовый метод.
2. Структурный метод.
3. Сравнительный метод.
4. Факторный метод.

Как следует из названия этих методов, эффективность проверяется путем оценки одного и того же потока деятельности компании. Это может вызвать некоторые небольшие экономические ошибки. Однако уникальность этих методов в том, что они дополняют ошибки друг друга.

Деньги – не единственный показатель эффективности компании. Существуют и менее конкретные критерии качества работы предприятий, которые невозможно измерить точными цифрами. Поэтому анализ эффективности следует рассматривать не как расчет доходов и расходов, а как полное, комплексное исследование. При проведении этих исследований в европейских странах широко используется комплекс методов, состоящий из 4 методов.

1. Трендовый метод.

Трендовый метод заключается в сравнении показателей за определенный период и определении тенденции их движения. Метод помогает в принятии решений после детального изучения доходов и расходов компании, дефицита или профицита бюджета, потоков прибыли. Основная особенность метода тренда заключается в том, что он использует исторические данные для прогнозирования результатов в краткосрочной, среднесрочной и долгосрочной перспективе после анализа предприятия.

Метод тренда — это метод исследования, который позволяет наблюдать и анализировать признаки и изменения данных за определенный период времени. С его помощью можно отслеживать показатели и динамику предприятия, выявлять тенденции, строить прогнозы и стратегии.

Трендовый метод оценки деятельности компании в основном состоит из 6 этапов:

1. Анализ продаж

Анализ исторических данных о продажах выявляет тенденции и сезонность. Сбытовая деятельность предприятия анализируется на основе истории и объема продаж.

2. Анализ рынка

Иногда снижение объема продаж зависит от действий потребителей на рынке, общей ситуации со спросом и предложением. Уникальность метода тренда заключается в том, что он не только анализирует продажи, но и изучает ситуацию на рынке.

3. Финансовый анализ

Финансовый анализ можно использовать для оценки финансовой стабильности и эффективности компании. Он включает в себя изучение изменений доходов, долга, прибыли и других финансовых показателей.

4. Оценка эффективности маркетинга

Оценивая эффективность маркетинга, анализ результатов маркетинговой политики компании показывает, что было более эффективным, а также что необходимо модернизировать.

5. Анализ управления персоналом.

Анализируется, какие методы управления используются в системе управления персоналом и их недостатки в экономике.

6. Анализ потребительского поведения

Анализируя потребительские предпочтения, бизнес может найти новые идеи для разработки продуктов и улучшить обслуживание клиентов.

Для получения экономических результатов в методе тренда необходимо выполнить следующие этапы:

1) сравнение фактических результатов отчетного периода с плановыми показателями отчетного периода;

2) сравнить фактические результаты отчетного периода с показателями предыдущего периода;

3) сравнение показателей за разные периоды.

3. Структурный метод.

Структурный метод – это метод, направленный на выявление и описание структуры предприятий или экономических явлений. Метод ориентирован на оценку текущего состояния предприятий; определение внутренних характеристик предприятий; оно помогает выявить не отдельные факты, а отношения между ними.

Первоначально термин структурный анализ и оценка был использован в антропологии Клодом Штраусом. Со второй половины XX века он активно используется в Европе как метод оценки эффективности хозяйственных предприятий.

Для получения экономического результата при структурном методе необходимо выполнить следующие действия:

1) определить прибыльные направления деятельности общества;

2) определение прибыли, полученной от отдельных видов товаров и услуг;

3) определение динамики активов общества;

4) Определение уровня рентабельности прибыли компании.

При использовании методики каждый элемент структуры анализируется отдельно.

Основными задачами структурной оценки деятельности являются обеспечение превышения результатов деятельности предприятия его затрат и поиск новых путей увеличения доходов. Поэтому исследования часто начинаются с финансовых показателей.

В некоторых экономических источниках структурный метод также называют методом прибыли. Потому что основные критерии оценки структурного метода строятся вокруг прибыли предприятия.

Структурный метод – это метод, направленный на выявление и описание структуры предприятий или экономических явлений. Метод ориентирован на оценку текущего состояния предприятий; определение внутренних характеристик предприятий; оно помогает выявить не отдельные факты, а отношения между ними.

Первоначально термин структурный анализ и оценка был использован в антропологии Клодом Штраусом. Со второй половины XX века он активно используется в Европе как метод оценки эффективности хозяйственных предприятий.

Для получения экономического результата при структурном методе необходимо выполнить следующие действия:

1) определить прибыльные направления деятельности общества;

2) определение прибыли, полученной от отдельных видов товаров и услуг;

3) определение динамики активов общества;

4) Определение уровня рентабельности прибыли компании.

При использовании методики каждый элемент структуры анализируется отдельно.

Основными задачами структурной оценки деятельности являются обеспечение превышения результатов деятельности предприятия его затрат и поиск новых путей увеличения доходов. Поэтому исследования часто начинаются с финансовых показателей.

В некоторых экономических источниках структурный метод также называют методом прибыли. Потому что основные критерии оценки структурного метода строятся вокруг прибыли предприятия.

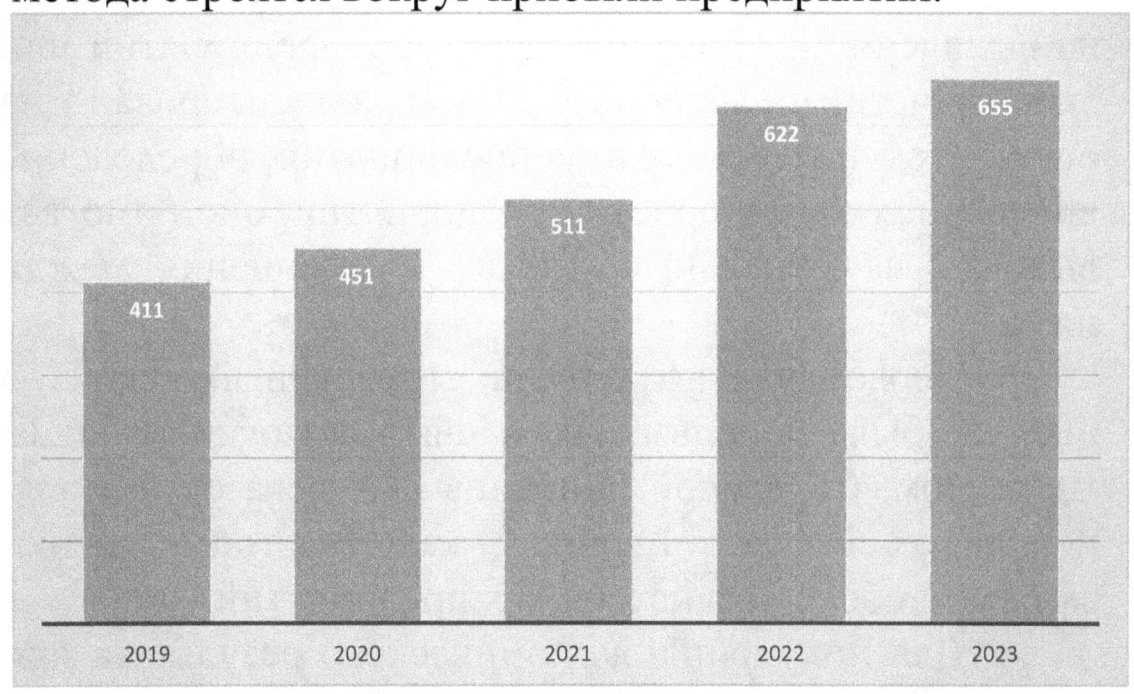

Рисунок 4.4. **Общий статистический анализ предприятий малого бизнеса в Греции с комплексной оценкой предпринимательской деятельности структурным методом. (сотни)**

4. Сравнительный метод.

Сравнительный анализ – это оценка путем сравнения и противопоставления различных объектов предприятия, выделения их сходств и различий.

Сравнительный метод начал применяться в ряде европейских стран в XIX веке, и этот метод отличается от других методов тем, что он ограничен. В сравнительном методе экономические термины анализируются и оцениваются путем разделения их на группы. Например, прибыль и прибыль от одного продукта многоотраслевого предприятия сравниваются с прибылью и прибылью от другого продукта и изучаются причины.

Сравнительный метод широко использовался в прошлом веке в стране Советского Союза. Оставшиеся методы оценки эффективности предприятий на неконкурентном рынке под постоянным контролем государства использовать для социальной системы неприемлемо. Когда социальная система не оправдала себя в экономике, значение и престиж сравнительного метода оценки эффективности предприятия снизились. (рис. 4.5)

Порядок определения эффективности деятельности предприятия сравнительным методом:

1. сравниваются уровни рентабельности;
2. сравниваются показатели доходов;
3. определяются показатели операционной прибыли.

В этом типе анализа два или более компонентов можно сравнивать по одним и тем же критериям.

4. Факторный метод.

Факториальный метод – это метод, позволяющий найти связи между множеством факторов. Он используется для определения того, как параметры влияют на результат. Используя факторный анализ, вы можете прогнозировать будущие значения на основе уже имеющихся у вас данных. Существует алгоритм факторного анализа.

Также существует отдельный алгоритм оценки эффективности деятельности предприятия посредством факторного метода. Он состоит из 4 этапов.

Этап 1. Для анализа выбирается один экономический показатель.

Этап 2. Определяются факторы, влияющие на полученный показатель.

Этап 3. Производятся расчеты по каждому из факторов и оцениваются результаты.

Шаг 4. Делается вывод и составляется план действий.

Чтобы анализ был эффективным, лучше посмотреть значения за несколько периодов. Это позволяет учитывать сезонные колебания и другие закономерности. Также следует выбрать подходящий тип факторного анализа: стохастический или детерминированный. Стохастический факторный анализ позволяет анализировать вероятностные связи, а детерминированный факторный анализ позволяет анализировать качественные и количественные показатели.

Факторный метод был привнесен в науку математиками Спирменом и Торстауном. Факторный метод является наиболее популярным среди остальных методов, около 120 стран использовали этот метод и оценили деятельность более 4000 субъектов малого и среднего бизнеса. Точность считается основным фактором на предприятиях, деятельность которых оценивается факторным методом.

Место Китайской Народной Республики и «азиатских тигров», построивших гигантскую экономику, не имеет себе равных среди быстро развивающихся стран мира. Даже в таких странах существует несколько способов комплексной оценки эффективности деятельности предприятия:

Модель И-Чу – эта модель означает «прибыль» и опирается только на прибыль для оценки эффективности предприятия.

Модель Цзи-Суань – отличие этой модели от «И-Чу» в том, что она не только анализирует прибыль, но и изучает все влияющие на нее факторы.

Модель Та-Поа – данная модель анализирует прибыль, доходы и влияние государства на предприятие и оценивает эффективность деятельности.

Модель Хуан-Хун анализирует годовой оборот компании и эффективность сотрудников. Также метод «Хуань-Хун» гласит, что при достижении компанией высоких темпов роста, если эффективность снижается, уровень конкурентоспособности возрастает и необходимо немедленно закрыть компанию. ставит перед ним теорию.

В целях решения задач по обеспечению стабильного роста занятости и доходов населения республики приоритет отдается широкому развитию различных форм домашнего хозяйства, в том числе расширению его сотрудничества с крупными промышленными предприятиями. Укрепление кооперативных связей между крупными промышленными предприятиями и домовладельцами решает важную задачу увеличения доходов семейного бюджета, позволяет резко сократить численность безработного населения и привлечь его активную часть к производству. При этом обеспечивается право расчета трудового стажа надомников и назначения им пенсионного и социального страхования. Развитие семейного подряда на основе поставок промышленными предприятиями необходимого сырья и материалов домовладельцам создает возможность гражданам эффективно использовать свое время и в то же время осваивать домашнее производство отдельных видов малорентабельных товаров. и трудоемкую продукцию, что, в свою очередь, способствует повышению эффективности труда крупных предприятий.

На данный момент, в эпоху интенсивной глобализации, становления рыночных отношений, интеграции страны в мировое сообщество и роста роли информации в экономической системе, новых технологий, укрепления связей между рынками капитала требуют перехода экономики на путь инновационного развития. делается. Важно изучать опыт развитых и развивающихся стран мира, а также выбирать путь инновационного развития с учетом богатых природных и социальных ресурсов, производственного и научно-технического потенциала нашей республики. В частности, чтобы максимально организовать развитие нашей страны, прежде всего, необходимо уделить серьезное внимание эффективному использованию инновационного и научно-технического потенциала. В связи с этим необходимо создать законодательные основы для формирования комплексной инновационной политики нашей страны. Для эффективной организации и развития инновационной деятельности необходимо разработать систему стратегических и тактических мер этой деятельности. Известно, что разработка этой системы ведется только на научных основаниях. По этой причине специалистам, работникам соответствующей сферы необходимо знать практику организации и управления инновационной деятельностью, стратегические правила, особенности формирования и реализации инновационной политики. означает новый инструмент, новый метод, новый продукт, новую технологию, которую необходимо произвести и изобрести. Инновация – это совокупность новых знаний, которые должны применяться на практике и быть эффективными в соответствующих областях. Сегодня инновации широко используются в производстве, экономических, правовых и социальных отношениях, науке, культуре и образовании. Это означает новый подход к развитию каждой области. Роль и значение национальной промышленности в экономике Узбекистана значительны, и после достижения государственной независимости в этой сфере были реализованы основные экономические, организационные и структурные реформы.

Экспроприация и приватизация промышленных предприятий, преобразование в государственно-акционерную, корпоративную, коллективную и частную формы собственности, структурные изменения в отраслях промышленности, малый бизнес и частное предпринимательство, совместные предприятия с участием иностранного капитала. был основан. Развитие национальной промышленности, макроэкономическая ситуация новой эпохи, формирование рыночных отношений и описание структурных изменений можно разделить на несколько этапов, исходя из стратегии индустриализации. Одним из приоритетов перехода к рыночным отношениям является инновационное реформирование отраслей экономики, модернизация фундаментальных инноваций, он основан на обеспечении макроэкономической стабильности, оснащении предприятий новыми технологиями, увеличении доли негосударственного сектора в экономике. Этот процесс, без сомнения, предполагает повышение инновационного и экономического потенциала страны, а также его эффективное использование. Современное состояние экономики нашей страны требует ускорения темпов реализации инновационных преобразований в национальной экономике. Следует отметить, что опыт стран с развитой экономикой показывает, что для достижения эффективной инновационной стратегии необходимо разумно использовать экономические и природные факторы.

Для создания потенциальной конкурентоспособности в индустриально-инновационной политике страны приоритетом является, прежде всего, развитие экспортно-ориентированного производства за счет структурных изменений в сырьевых секторах экономики. Необходимо продемонстрировать суть наших основных подходов к координации привлечения инвестиций, развитию бизнес-среды, проведению государственной политики по занятию сильных позиций на мировых рынках. Одним из важных факторов обеспечения стабильности промышленного производства является достижение непрерывности выпуска конкурентоспособной продукции на внешние рынки с целью формирования и реализации инновационных стратегий на регулярной основе в отраслях промышленности. Одним из важнейших направлений обеспечения научно-технического прогресса является регулярное освоение передовых, самых современных технологий. Передовые технологии – это процесс, направленный на организацию овладения рядом методов, таких как объединение апробированных технологических процессов, использование различных физических и химических методов, вакуумирование, эффективное использование нанотехнологий.

Другое направление – автоматизация и механизация производства, электрификация и компьютеризация. Во всех отраслях развитых стран строго соблюдается полная реализация указанных аспектов. При этом любой требуемый фактор не считается второстепенной задачей.

Напротив, серьезное внимание уделяется выполнению всех требований, необходимых для организации технической деятельности. Также, учитывая высокий пик автоматизации и уделяя внимание использованию роботизированной техники, обеспечивающей эффективность, это должно стать одной из высших целей производства. Опираясь на достижения технической науки, его считают оружием, повышающим силу, трудоспособность и творческий потенциал человека. Технология — фактор, создающий определенные материальные блага или реализующий эти материальные блага на основе науки и современных технических средств. Новые технологии и инновационная стратегия, взаимозависимость и взаимодополняемость технических процессов, их регулярное совершенствование служат развитию общества. Технологические инновации могут быть в виде продуктов, процессов, услуг и методов, производимых юридическим лицом впервые (даже если они используются другими юридическими лицами).

Существует два типа технологических инноваций: продуктовые инновации и процессные инновации. Товарные инновации в промышленном производстве включают подготовку и внедрение технологически нового и всесторонне усовершенствованного продукта. Технологическая новая продукция - продукция, технологические особенности которой (функциональные особенности, конструктивное исполнение, дополнительные операции, используемые компоненты и состав материалов) или цель использования являются принципиально новыми или аналогичны ранее выпускаемым юридическим лицом. это продукт, который существенно отличается от аналогичных продуктов. В принципе, такие инновации могут быть основаны на новых технологиях или использовании существующих технологий, результатов исследований и разработок. Технологически улучшенная продукция – это продукция, качественные характеристики которой улучшаются, а экономическая эффективность повышается за счет использования высокоэффективных комплектующих и материалов, частичного изменения одной или нескольких технических составляющих (сложная продукция). В целях развития предприятий нашей страны, наполнения потребительских рынков нашей республики высококачественной продукцией, пользующейся успехом у населения, повышения экспортного потенциала отрасли, поддержки производства конкурентоспособной продукции малыми предприятиями, внедрить новую технико-технологическую, инвестиционную политику в отрасли. Предусмотрено осуществить меры по привлечению иностранных инвестиций в больших масштабах, чтобы за счет внедрения современных технологий регулярно осваивать производство новой и качественной продукции, уделять серьезное внимание внимание оснащению предприятий отрасли новой техникой. Итак, инновационный подход составляет основу развития предпринимательской деятельности. Иными словами, важнейшими аспектами в этом отношении является то, что предприятия и фермерские хозяйства, работающие в условиях рыночных отношений, для достижения успеха в производстве конкурентоспособной продукции и услуг регулярно стремятся находить инновации и применять их в своей деятельности. деятельность.

Учитывая стратегическое развитие различных хозяйствующих субъектов, к оценке его деятельности можно подойти следующим образом:

Первый этап. Комплексное обследование предприятия, которое включает в себя:

- общее описание предприятия, его организационная структура и система управления; - определение имущества предприятия, инвентаризация состояния основных фондов предприятия, эффективности их использования; - анализ финансового положения предприятия;

- изучение затрат хозяйственной деятельности (анализ уровня рентабельности);

- изучение своего резерва, а также талантливых возможностей с точки зрения трудового потенциала.

Второй этап. Анализ и оценка конкурентной среды и положения предприятия на товарных рынках, что включает: - маркетинговое исследование товара;

- исследования в области корпоративного маркетинга.

Третий этап. Разработка стратегии развития предприятия и бизнес-плана его финансового оздоровления, который включает в себя:

- разработка концепции развития предприятия;
- формирование стратегии деятельности предприятия (виды производственной, снабженческо-сбытовой, производственно-технологической, ценовой, финансовой, инвестиционной, кадровой и других политик);
- формирование организационно-управленческой системы;
- планирование и управление процессом реформ.

Отдельно следует отметить одно предложение, то есть решение вышеперечисленных вопросов с помощью консалтинговых фирм различных направлений даст ожидаемые результаты. Аудиторы привлекаются в качестве основных исполнителей к реализации первого этапа данных работ. Их задачей будет определить, насколько точно финансовая отчетность обслуживающего предприятия отражает фактическое положение в нем. Дело в том, что учетная политика предприятия сферы услуг зачастую отражается нечетко, в результате чего себестоимость продукции и прибыль рассчитываются неправильно, и не удается точно рассчитать все финансовые показатели. Выхода из этой ситуации два: либо аудитор выполняет полное восстановление отчетов (но этот процесс требует длительного времени и больших денег, что сервисная компания может оказаться не в состоянии сделать), либо аудиторы просмотр отчетов дает рекомендации по внесению изменений, и эти рекомендации реализуются самим обслуживающим предприятием. Основной задачей первого этапа является выявление отдельных направлений обслуживания, оказывающих существенное влияние на ценообразование услуг на основе экономических и финансовых показателей. Специалисты менеджмента и маркетинга играют важную роль в реализации второго этапа трансформации (реструктуризации) деятельности предприятия. Необходимо изучить материалы компании и соответствующие структуры рынка. Именно на этом этапе особое внимание уделяется убыточным и низкорентабельным подразделениям предприятия, участвующим в определенных технологических процессах обслуживания, анализируются причины этого и пути повышения эффективности этих подразделений. Третий этап работы в этом плане является наиболее сложным процессом, включающим разработку комплекса организационных мероприятий. На этом этапе разрабатываются предложения по развитию производственных процессов путем продажи непроизводительной части активов компании, выделения из структуры компании убыточных и низкорентабельных видов деятельности и передачи их предприятиям малого класса в соответствии с предпочтениями государства.

Метод изучения финансового положения и финансовых результатов предприятия на основе финансовой отчетности, бухгалтерской и другой информации, определения имеющихся финансовых возможностей и разработки мер, направленных на улучшение финансового положения, называется финансовым анализом. Основной частью финансового анализа является анализ финансового положения предприятий. Финансовое состояние предприятия характеризуется системой показателей, отражающих такие аспекты, как его финансовая устойчивость, финансовая независимость, платежеспособность, обеспеченность собственными средствами, состояние дебиторской и кредиторской задолженности. Путем изучения и анализа уровня этих показателей и обобщения их результатов оценивают финансовое состояние предприятия. Поэтому своевременный анализ этих показателей создает условия для улучшения финансового положения компании и укрепления экономики. С этой точки зрения значение анализа чрезвычайно велико и ни с чем не сравнимо. Анализ – гарантия улучшения финансового положения предприятия. Основной целью финансового анализа является определение активов, капитала и обязательств предприятия, уровня финансовой устойчивости, состояния платежеспособности, уровня обеспеченности собственными и заемными средствами, состояния финансовой независимости, дебиторской и кредиторской задолженности. на определенный период. На основе изучения текущей ситуации необходимо оценить финансовое положение предприятия и показать возможности его улучшения. С этой точки зрения основными задачами финансового анализа являются:

1) определение и оценка состояния активов, капитала и обязательств предприятия;

2) определение устойчивости финансового положения и оценка его изменений;

3) определение показателей ликвидности баланса и анализ их изменения;

4) определение коэффициента платежеспособности предприятия и оценка его изменения;

5) определение финансовых коэффициентов и прогнозирование их изменения;

6) изучать эффективность использования денежных средств;

7) изучение состояния дебиторской и кредиторской задолженности;

8) дача рекомендаций и предложений по мобилизации неиспользованных возможностей.

Основными источниками финансового анализа являются следующие сведения:

1) бухгалтерский баланс;
2) отчет о финансовых результатах;
3) отчет об основных средствах;
4) отчет о движении денежных средств;
5) отчет о частном капитале;
6) сведения о дебиторской и кредиторской задолженности.

Для Республики Узбекистан, интегрирующейся в мировое сообщество, такие важные вопросы, как определение приоритетных направлений экономического развития, определены в Указе Президента Республики Узбекистан от 7 февраля 2017 года «О Стратегии действий по Дальнейшее развитие Республики Узбекистан» № ПФ4947. Следует отметить, что в данном нормативно-правовом документе, помимо нескольких направлений развития Республики Узбекистан, в разделе «Приоритетные направления экономического развития и либерализации» углублены структурные изменения, ведущие отрасли национальной экономики. экономику, в частности промышленное производство, предстоит увеличить за счет модернизации и диверсификации. были высказаны мнения, сосредоточенные на этих вопросах. Кроме того, также разработан ряд нормативно-правовых документов по развитию промышленного производства на уровне страны. Первоначальное направление – нормативно-правовые документы, направленные на развитие отдельных отраслей промышленного производства в Узбекистане.

Следует отметить, что в этом нормативно-правовом документе, наряду с рядом направлений развития Республики Узбекистан, в разделе «Приоритетные направления экономического развития и либерализации», углубление структурных изменений, ведущих отраслей национальной экономики, в В частности, были высказаны соображения, направленные на повышение конкурентоспособности промышленного производства за счет модернизации и диверсификации. Кроме того, также разработан ряд нормативно-правовых документов по развитию промышленного производства на уровне страны. Первоначальное направление – нормативно-правовые документы, направленные на развитие отдельных отраслей промышленного производства в Узбекистане.

Развитие промышленного производства в нашей стране, формирование новых отраслей промышленности, модернизация и перевооружение промышленных предприятий, увеличение экспорта продукции напрямую связаны с инвестиционным процессом. Поэтому естественно, что принимаемые нормативные акты по развитию промышленного производства должны разрабатываться в неразрывной связи с организационно-правовыми документами, связанными с ведением прямой инвестиционной деятельности, и дополнять друг друга. В Республике Узбекистан разработано множество нормативно-правовых документов, связанных с инвестиционной деятельностью, важнейшим из которых является Закон Республики Узбекистан «Об инвестиционной деятельности».

В целях повышения эффективности инновационного менеджмента на промышленных предприятиях нашей страны целесообразно в целях стратегического развития предприятия разработать направления развития, связанные с инновационной деятельностью, разработать соответствующие меры по реализации инноваций. . В этом случае использование предложенного выше метода при формировании дерева целей инновационного управления, помимо достижения высокой эффективности, создает основу для обеспечения устойчивости инновационного развития предприятия. ladi То есть на промышленном предприятии правильно организован инновационный менеджмент, и чем больше процессы производства продукции технически и технологически соответствуют требованиям времени, тем выше увеличивается объем производства. Целесообразно сосредоточить внимание на разработке государственных программ, направленных на стимулирование развития механизма инновационного управления промышленными предприятиями нашей страны. Необходимо перевести промышленные предприятия на путь инновационного развития по региональному принципу. Также появится возможность перевести процессы производства промышленной продукции, выпускаемой в регионах, на путь инновационного развития, регулярно улучшать их показатели индекса глобальной конкурентоспособности. Мониторинг инновационной деятельности промышленных предприятий и существующих проблем в их развитии осуществляют региональные инновационно-промышленные центры. Также долгосрочные программы инновационного развития промышленных предприятий и меры по их реализации изучаются региональными центрами развития промышленных предприятий, оказывается практическая помощь по их финансированию и использованию соответствующих льгот.

Внутренние и внешние факторы постоянно влияют на эффективность инновационного управления предприятием. В системе современных экономических отношений к внутренним факторам относятся предпринимательские способности, персонал предприятия, эффективность коммуникаций, организационная структура предприятия, ориентация инновационной деятельности на рынок, уровень достаточности ресурсов для инноваций. Необходимо учитывать внешние факторы, влияющие на эффективность инновационного управления предприятием, такие как консалтинг и консультационные услуги, финансовая поддержка, стимулирование инновационной деятельности и законодательство в стране.

Комплексная оценка эффективности предприятия выявляет недостатки в работе организации, в результате чего предприятие тратит дополнительные ресурсы и получает меньше прибыли. Если компания неправильно управляет финансами или использует неквалифицированный персонал, исследование может помочь выявить это.

В результате комплексной оценки эффективности деятельности предприятия будет выявлено:

а) экономия и более эффективное использование производственных ресурсов;

б) определение факторов, влияющих на доходы организации;

в) Выявление проблем в системе управления;

г) Новый кадровый анализ и политическая деятельность.

д) Анализ качества продукции и его улучшение;

е) Определение наиболее перспективных и прибыльных направлений (инвестиций);

ж) Поиск дополнительных возможностей увеличения прибыли;

з) Оценка правильности использования капитальных производственных фондов.

Измерение эффективности деятельности организации дает четкое представление о ее состоянии. Это помогает руководству принимать стратегические решения на основе точных данных, а не эмоций. Это снижает риск нерационального распределения организационных ресурсов, перерасхода бюджета и других ошибок.

Экономическая эффективность показывает экономический результат производства. Например, результат производства продукции, управления, внедрения новой техники и технологий, повышения качества труда и т. д. Экономическая эффективность - это величина, достигаемая за счет экономии материальных, трудовых, денежных и других ресурсов, экономии времени, сокращения сроков строительства. периодов, экономия трудозатрат, сокращение потерь рабочего времени, ускорение оборачиваемости денежных средств, увеличение объема производства, повышение качества работы и другие. характеризуются результатами. Социальная эффективность представляет собой эффективность осуществления деятельности, помогающей человеку развиваться во всех аспектах. Оно отражается в улучшении условий труда и быта, повышении квалификации работников, характеризуется увеличением среднедушевого потребления основных продовольственных и промышленных товаров, пособий и льгот из фондов общественного потребления, стоимости подготовки кадров. Экологическая эффективность. В связи с ухудшением экологической ситуации в мире сформировался ряд международных соглашений, конвенций и крупных проектов. Республика Узбекистан также является активным участником подобных международных соглашений.

Инвестиционные проекты, реализуемые на территории нашей страны, рекомендуются к реализации после их экспертизы экспертами на предмет их соответствия условиям международных конвенций и соглашений. В 1992 году была принята и открыта для членства Конвенция ООН об изменении климата. . В 1993 году Республика Узбекистан стала членом этой Конвенции. Конвенция стала первым международным соглашением по борьбе с глобальным изменением климата и его последствиями. Основная цель этого соглашения — снижение антропогенного воздействия на климат в обмен на стабилизацию выбросов парниковых газов человечеством. 11 декабря 1997 года Протокол к Конвенции был подписан в Киото, Япония. На тот момент Протокол приняли 159 стран, а сейчас число стран, подписавших Киотский протокол, достигло 192. Республика Узбекистан приняла Киотский протокол в 1999 году. Киотский протокол – это международное соглашение, которое представляет собой соглашение о ответственность за реализацию мер по сокращению выбросов в атмосферу в 2008-2012 годах по сравнению с 1990 годом. В августе 2002 года было создано Глобальное партнерство по сокращению объемов сжигания газа (GGFR). В 2008 году НСК «Узбекнефтегаз» было создано Республикой Узбекистан.

    Членами партнерства являются 21 страна, 12 международных компаний и 4 международные организации. 14 проектов реализуются Республикой Узбекистан в рамках Механизма чистого развития. Из них 7 реализуются в нефтегазовом секторе, 6 — в химическом секторе, 1 — в сфере обращения с отходами. Следует отметить, что Узбекистан занимает высокие места не только среди стран Восточной Европы и СНГ, но и в мировом рейтинге: по ежегодному сокращению объемов отходов -8 место, по количеству проектов -19 место стоит в место. Сокращения запланированы по 7 проектам в сфере нефти и газа - 6,5 млн в год. тонн SO_2. Если предположить, что эти эффекты создаются в самом производстве и что отношения между работниками определяются благодаря совместной работе, то мы можем назвать их социально-экономическими эффектами. Сущность экономической эффективности – это ее критерий и вид. Это отражено в системе показателей. Вопрос о критериях является важнейшим направлением теории экономической эффективности. В философском смысле критерий — это основная мера, важное различие, основная точка зрения. Только на их основе можно определить объективную истину, правильность и достоверность наших знаний в той или иной области, отличить истину от недоразумений. Для достижения главной цели производства необходимо рационально использовать все ресурсы, снижать затраты на каждую единицу выпускаемой продукции. Так, при измерении эффективности в качестве критерия принимается экономия всего общественного труда и повышение его производительности. Под общей (абсолютной) эффективностью производства понимается общая сумма экономического эффекта по сравнению или по сравнению с некоторыми видами затрат и ресурсов. Общая эффективность производства представляет собой сумму некоторых затрат и ресурсов. Она используется для определения и оценки уровня использования видов и рассчитывается, как правило, для народного хозяйства, отраслей, предприятий и объектов капитального строительства.

Инвестиционные проекты, реализуемые на территории нашей страны, рекомендуются к реализации после их экспертизы экспертами на предмет их соответствия условиям международных конвенций и соглашений. В 1992 году была принята и открыта для членства Конвенция ООН об изменении климата. . В 1993 году Республика Узбекистан стала членом этой Конвенции. Конвенция стала первым международным соглашением по борьбе с глобальным изменением климата и его последствиями. Основная цель этого соглашения — снижение антропогенного воздействия на климат в обмен на стабилизацию выбросов парниковых газов человечеством. 11 декабря 1997 года Протокол к Конвенции был подписан в Киото, Япония. На тот момент Протокол приняли 159 стран, а сейчас число стран, подписавших Киотский протокол, достигло 192. Республика Узбекистан приняла Киотский протокол в 1999 году. Киотский протокол – это международное соглашение, которое представляет собой соглашение о ответственность за реализацию мер по сокращению выбросов в атмосферу в 2008-2012 годах по сравнению с 1990 годом. В августе 2002 года было создано Глобальное партнерство по сокращению объемов сжигания газа (GGFR). В 2008 году НСК «Узбекнефтегаз» было создано Республикой Узбекистан.

Членами партнерства являются 21 страна, 12 международных компаний и 4 международные организации. 14 проектов реализуются Республикой Узбекистан в рамках Механизма чистого развития. Из них 7 реализуются в нефтегазовом секторе, 6 — в химическом секторе, 1 — в сфере обращения с отходами. Следует отметить, что Узбекистан занимает высокие места не только среди стран Восточной Европы и СНГ, но и в мировом рейтинге: по ежегодному сокращению объемов отходов -8 место, по количеству проектов -19 место стоит в место. Сокращения запланированы по 7 проектам в сфере нефти и газа - 6,5 млн в год. тонн SO_2. Если предположить, что эти эффекты создаются в самом производстве и что отношения между работниками определяются благодаря совместной работе, то мы можем назвать их социально-экономическими эффектами. Сущность экономической эффективности – это ее критерий и вид. Это отражено в системе показателей. Вопрос о критериях является важнейшим направлением теории экономической эффективности. В философском смысле критерий — это основная мера, важное различие, основная точка зрения. Только на их основе можно определить объективную истину, правильность и достоверность наших знаний в той или иной области, отличить истину от недоразумений. Для достижения главной цели производства необходимо рационально использовать все ресурсы, снижать затраты на каждую единицу выпускаемой продукции. Так, при измерении эффективности в качестве критерия принимается экономия всего общественного труда и повышение его производительности. Под общей (абсолютной) эффективностью производства понимается общая сумма экономического эффекта по сравнению или по сравнению с некоторыми видами затрат и ресурсов. Общая эффективность производства представляет собой сумму некоторых затрат и ресурсов. Она используется для определения и оценки уровня использования видов и рассчитывается, как правило, для народного хозяйства, отраслей, предприятий и объектов капитального строительства.

Инвестиционные проекты, реализуемые на территории нашей страны, рекомендуются к реализации после их экспертизы экспертами на предмет их соответствия условиям международных конвенций и соглашений. В 1992 году была принята и открыта для членства Конвенция ООН об изменении климата. . В 1993 году Республика Узбекистан стала членом этой Конвенции. Конвенция стала первым международным соглашением по борьбе с глобальным изменением климата и его последствиями. Основная цель этого соглашения — снижение антропогенного воздействия на климат в обмен на стабилизацию выбросов парниковых газов человечеством. 11 декабря 1997 года Протокол к Конвенции был подписан в Киото, Япония. На тот момент Протокол приняли 159 стран, а сейчас число стран, подписавших Киотский протокол, достигло 192. Республика Узбекистан приняла Киотский протокол в 1999 году. Киотский протокол – это международное соглашение, которое представляет собой соглашение о ответственность за реализацию мер по сокращению выбросов в атмосферу в 2008-2012 годах по сравнению с 1990 годом. В августе 2002 года было создано Глобальное партнерство по сокращению объемов сжигания газа (GGFR). В 2008 году НСК «Узбекнефтегаз» было создано Республикой Узбекистан.

Членами партнерства являются 21 страна, 12 международных компаний и 4 международные организации. 14 проектов реализуются Республикой Узбекистан в рамках Механизма чистого развития. Из них 7 реализуются в нефтегазовом секторе, 6 — в химическом секторе, 1 — в сфере обращения с отходами. Следует отметить, что Узбекистан занимает высокие места не только среди стран Восточной Европы и СНГ, но и в мировом рейтинге: по ежегодному сокращению объемов отходов -8 место, по количеству проектов -19 место стоит в место. Сокращения запланированы по 7 проектам в сфере нефти и газа - 6,5 млн в год. тонн SO_2. Если предположить, что эти эффекты создаются в самом производстве и что отношения между работниками определяются благодаря совместной работе, то мы можем назвать их социально-экономическими эффектами. Сущность экономической эффективности – это ее критерий и вид. Это отражено в системе показателей. Вопрос о критериях является важнейшим направлением теории экономической эффективности. В философском смысле критерий — это основная мера, важное различие, основная точка зрения. Только на их основе можно определить объективную истину, правильность и достоверность наших знаний в той или иной области, отличить истину от недоразумений. Для достижения главной цели производства необходимо рационально использовать все ресурсы, снижать затраты на каждую единицу выпускаемой продукции. Так, при измерении эффективности в качестве критерия принимается экономия всего общественного труда и повышение его производительности. Под общей (абсолютной) эффективностью производства понимается общая сумма экономического эффекта по сравнению или по сравнению с некоторыми видами затрат и ресурсов. Общая эффективность производства представляет собой сумму некоторых затрат и ресурсов. Она используется для определения и оценки уровня использования видов и рассчитывается, как правило, для народного хозяйства, отраслей, предприятий и объектов капитального строительства.

    В то же время, при углубленном анализе пути развития нашей страны, сегодняшняя ситуация на мировом рынке кардинально изменилась, а конкуренция в условиях глобализации становится все более напряженной. требует раскрытия.

Продолжить институциональные и структурные реформы, направленные на дальнейшее развитие и либерализацию экономики, укрепление макроэкономической стабильности и сохранение высоких темпов экономического роста, повышение конкурентоспособности национальной экономики, модернизацию и опережающее развитие сельского хозяйства, сокращение участия государства в экономике. защита права частной собственности и дальнейшее укрепление ее приоритетного положения, стимулирование развития малого бизнеса и частного предпринимательства, комплексное и сбалансированное социально-экономическое развитие регионов, районов и городов, улучшение инвестиционного климата, а также привлечение иностранных инвестиций в отрасли и регионы экономики нашей страны, активное участие.

Последовательное повышение занятости и реальных доходов населения направлено на развитие социальной сферы, совершенствование системы социальной защиты и здравоохранения, повышение общественно-политической активности женщин, строительство доступного жилья, автомобильного транспорта, машиностроения – реализация целевых задач. программы развития и модернизации коммуникационной и социальной инфраструктуры, развития образования, культуры, науки, литературы, искусства и спорта, совершенствования государственной политики в отношении молодежи;

Обеспечить безопасность, межнациональное согласие и религиозную толерантность, укрепить независимость и суверенитет нашей страны, направленные на проведение глубоко продуманной, взаимовыгодной и практичной внешней политики, обеспечить безопасность, стабильность и согласие в окружении Узбекистана. формирование дружественной среды, укрепление международного авторитета нашей страны. Поддержание макроэкономического баланса, обеспечение стабильно высоких темпов роста валового внутреннего продукта за счет углубления структурных и институциональных изменений на основе принятых среднесрочных программ; обеспечение сбалансированности на всех уровнях Государственного бюджета при сохранении социальной направленности расходов, совершенствование межбюджетных отношений, направленное на укрепление доходной части местных бюджетов; продолжить политику снижения налогового бремени и упрощения системы налогообложения, совершенствования налогового администрирования и расширения соответствующих мер стимулирования; дальнейшее совершенствование денежно-кредитной политики с использованием инструментов, используемых в передовом международном опыте, а также постепенное внедрение современных рыночных механизмов валютного регулирования, обеспечивающих стабильность национальной валюты; углубление реформирования банковской системы и обеспечение ее устойчивости, повышение уровня капитализации и депозитной базы банков, укрепление их финансовой устойчивости и надежности, дальнейшее расширение кредитования перспективных инвестиционных проектов и субъектов малого бизнеса и частного предпринимательства; расширение объемов страховых, лизинговых и других финансовых услуг за счет внедрения новых их видов и повышения их качества, а также развитие фондового рынка как альтернативного источника привлечения капитала и размещения свободных ресурсов предприятий, финансовых учреждения и население; š дальнейшее развитие международного экономического сотрудничества, в том числе расширение связей с ведущими международными и зарубежными финансовыми институтами, продолжение реализации продуманной внешней долговой политики, эффективное использование привлеченных иностранных инвестиций и кредитов.

Развитие науки и техники включает в себя средства производства, технологии, компьютеры и многие другие изменения в области науки. В настоящее время наука и техника быстро развиваются и имеют некоторые преимущества по сравнению с предыдущим развитием технологий.

Преимущество современного развития науки и техники состоит в том, что в передовых странах научные инновации быстро внедряются в производство, поэтому наука становится непосредственной производительной силой.

Укрепление технической базы производства в текущий период напрямую связано с достижениями электроники, радиоэлектроники, телемеханики, атомной энергетики, химии и других наук.

Итак, достижения науки открывают неограниченные возможности для развития производства и его экономической эффективности. Именно поэтому государство Узбекистан уделяет большое внимание развитию науки и техники, ставя задачу ее быстрого ускорения, широкого внедрения новых категорий техники, обеспечивающих наивысшую производительность и эффективность, принципиально новых технологий. Результатом научного прогресса и важным признаком его сближения с производством является создание и внедрение в производство усовершенствованных, прочных и производительных орудий и предметов труда. Чем больше новых производительных орудий труда и качественных предметов труда внедряется в производство, тем активнее труд перемещает больше орудий труда и создает большую потребительскую стоимость.

Экономические отношения, возникающие между людьми в процессе производства, составляют главную основу общих производственных отношений и определяют описание отношений в процессах обмена, распределения и потребления. Поэтому очень важно их изучать. Точно так же, как человечество не может жить, не потребляя необходимых благ, оно не может выжить, не производя эти блага. В процессе производства и обслуживания создаются все жизненно необходимые для существования человека средства. В условиях рыночной экономики факторами производства являются земля, капитал, рабочая сила и предпринимательство, и они влияют друг на друга. Изменение одного влияет на изменение другого. В процессе производства все факторы находятся в движении, но в них активен живой труд, то есть рабочая сила, она приводит в движение все средства производства, «вдыхает в них жизнь», обеспечивая поддержание стоимости основного капитала. не исчезает. , переводы на вновь созданные товары и услуги. И, наконец, в этом процессе создаются новые товары и услуги.

Вновь созданные товары и услуги обладают двумя различными характеристиками — полезностью и ценностью и учитываются двояко: с точки зрения природно-материальной (полезности) и со стоимостной стороны. Крыша из природного материала разделена на три части: средства производства, товары народного потребления и различные услуги. В стоимостной части она делится на три части: стоимость потребленных средств производства(ов). Она делится на стоимость необходимого продукта (v) и стоимость дополнительного продукта (m). Открытый 100 лет назад маржиналистами и названный универсальным законом экономики — «закон убывания производительности следующего добавленного фактора (добавленного капитала, добавленного труда)» — приводит к слепому расточительству, чрезмерным тратам. В противном случае он не будет применяться в условия развития современной науки и техники.

В последние годы постепенно устраняются проблемы, мешающие осуществлению всех перспективных экономических реформ в нашей стране. Правительство страны признает, что 2023 год будет сложным для экономики из-за глобальной ситуации, и в связи с этим принимаются конкретные, целенаправленные меры по привлечению и развитию инвестиций и увеличению доли экспорта. В 2023 году ожидается привлечение в виде прямых иностранных инвестиций более 8,5 млрд долларов США.

В текущем и ближайшем году основными движущими факторами экономики станут структурные изменения и экономические реформы в сочетании с инфраструктурными проектами с привлечением иностранного капитала, направленными на развитие конкуренции, инвестиционной среды и инфраструктуры в реальном секторе экономики, масштабные приватизация крупных государственных предприятий и реализация масштабных проектов.

Как мы отмечали выше, необходимы масштабные реформы, которые станут залогом устранения проблем и недостатков, которые уже давно беспокоят инвесторов в Узбекистане. В этом случае большим новшеством могла бы стать структура совета, защищающего инвесторов и их права.

ИСПОЛЬЗОВАННАЯ ЛИТЕРАТУРА.

1. ВЫСТУПЛЕНИЕ ПРЕЗИДЕНТА РЕСПУБЛИКИ УЗБЕКИСТАН ШАВКАТА МИРЗИЕЕВА НА ВСТРЕЧЕ В ФОРМЕ ОТКРЫТОГО ДИАЛОГА С БИЗНЕСМЕНАМИ НАШЕЙ СТРАНЫ. 2021, ТАШКЕНТ.
2. Я. КАРИМОВ. «НА ПОРОГЕ ДОСТИЖЕНИЯ НЕЗАВИСИМОСТИ ОТ УЗБЕКИСТАНА» ТАШКЕНТ-2016. СТРАНИЦА 122.
3. «ЛИНГВИСТИКА» УИЛЬЯМ МС. ГРЕГОР. НЬЮ-ДЖЕРСИ-2023. СТРАНИЦА 101.
4. «ЭКОНОМИЧЕСКАЯ ТЕОРИЯ». ДАВРОН АЗИМОВ. ТАШКЕНТ-2016. СТРАНИЦА 211.
5. «МЕЖДУНАРОДНАЯ ЭКОНОМИКА». КАБИЛДЖОН ИСАЕВ. ТАШКЕНТ-2020. СТРАНИЦА 213.

6. «ЭКОНОМИКА РАЗРУШЕНИЯ КОМПАНИЙ». М. АДЛЕР. ПРЕССА ГАРВАРДСКОГО УНИВЕРСИТЕТА. СТРАНИЦА 122

7. «ТЕОРИЯ МАКРОЭКОНОМИКИ». ОКСФОРДСКИЙ УНИВЕРСИТЕТ ПРЕСС. СТРАНИЦА 211.

8. «ЭКОНОМИКА: ВВОДНЫЙ АНАЛИЗ». УИЛЬЯМ НОРДОАС. ЙЕЛЬСКИЙ УНИВЕРСИТЕТ ПРЕСС. СТРАНИЦА 15.

9. «АНАЛИЗ И ЭФФЕКТИВНОСТЬ ДЕЯТЕЛЬНОСТИ ПРЕДПРИЯТИЯ» Т. ГУДРАТОВ. ТАШКЕНТ-2012. СТРАНИЦА 12.

10. А. БОСИТОВ. «БАЗОВЫЙ АНАЛИЗ ПРЕДПРИЯТИЯ И ОПРЕДЕЛЕНИЕ ЭФФЕКТИВНОСТИ». ТАШКЕНТ-2020. СТРАНИЦА 122

11. "КОМПЛЕКСНЫЙ ЭКОНОМИЧЕСКИЙ АНАЛИЗ ДЕЯТЕЛЬНОСТИ ПРЕДПРИЯТИЯ.". ЕКАТЕРИНА РУСАКОВА. САНК-ПЕТЕРБУРГ-2016. СТРАНИЦА 21

12. «СТРАТЕГИЯ ДЕЛАНИЯ ДОБРА». ДЖОНАТАН ФРЕНДЛЕР. ПРЕСС ГАРВАРДСКОГО УНИВЕРСИТЕТА. СТРАНИЦА 23.

13. «АНАЛИЗ ПРЕДПРИНИМАТЕЛЬСКОЙ ДЕЯТЕЛЬНОСТИ». Б. ИСРОИЛОВ. ТАШКЕНТ-2023. СТРАНИЦА 65.

14. «СРЕДНЯЯ ЭКОНОМИКА». ОКСФОРДСКИЙ УНИВЕРСИТЕТ ПРЕСС. ЛУИЗА ДЕ ФРУЛ. СТРАНИЦА 233.

15. «СИСТЕМНЫЙ ЭКОНОМИЧЕСКИЙ АНАЛИЗ». Ю. ОСИПОВ. ПЕТР-2011. СТРАНИЦА 222.

16. «БАЗОВЫЙ СТРУКТУРНЫЙ АНАЛИЗ И МЕТОД СТРУКТУРНОЙ ОЦЕНКИ ПРЕДПРИЯТИЙ МАЛОГО БИЗНЕСА». МОСКВА-2018. АЛИСА МАСКУРОВНА.

17. «СУЩЕСТВЕННЫЙ АНАЛИЗ ЭКОНОМИЧЕСКИХ ОЦЕНОК». АННА ЛАРОНИСКИ. ЙЕЛЬСКИЙ УНИВЕРСИТЕТ ПРЕСС-2021. СТРАНИЦА 211.

18. Р. А. БРИЛИ, С. К. МАЙЕРС, Ф. АЛЛЕН «ПРИНЦИПЛЫ КОРПОРАТИВНЫХ ФИНАНСОВ*, 11-Е ГЛОБАЛЬНОЕ ИЗДАНИЕ. 1341 С. 65-С.

19. ЧЕБОТАРЬ Ю.М. КОРПОРАТИВНЫЕ ФИНАНСЫ И КОРПОРАТИВНЫЙ КОНТРОЛЬ: МОНОГРАФИЯ. СТРАНИЦА 211

20. АВТОНОМНАЯ НЕКОММЕРЧЕСКАЯ ОРГАНИЗАЦИЯ «АКАДЕМИЯ МЕНЕДЖМЕНТА И БИЗНЕС-АДМИНИСТРАЦИИ», СТРАНИЦА 344.

21. ПРИНЦИПЫ КОРПОРАТИВНОГО УПРАВЛЕНИЯ. ЙЕЛЬСКИЙ УНИВЕРСИТЕТ ПРЕСС-2016. СТРАНИЦА 75.

22. ПЬЕР ВЕРНИММЕН, ПАСКАЛЬ КИРИ, МАУРИЦИО ДАЛЛОККЬО, ЯН ЛЕ ФУР, АНТОНИО САЛЬВИ. КОРПОРАТИВНЫЕ ФИНАНСЫ: ТЕОРИЯ И ПРАКТИКА. СТРАНИЦА 198.

23. «ЭКОНОМИЧЕСКИЙ ОПЫТ И АНАЛИЗ». JOHN WILEY & SONS LTD, АТРИУМ, ЮЖНЫЕ ВОРОТА, ЧИЧЕСТЕР, ЗАПАДНЫЙ СУССЕКС PO19 8SQ, АНГЛИЯ. 1032 П., СТРАНИЦА 29.

24. КОНСТИТУЦИЯ РЕСПУБЛИКИ УЗБЕКИСТАН. - Т.: «УЗБЕКИСТАН», 2018.

25. ЗАКОН РЕСПУБЛИКИ УЗБЕКИСТАН «Об ИНВЕСТИЦИОННОЙ ДЕЯТЕЛЬНОСТИ» от 9 ДЕКАБРЯ 2014 ГОДА.

26. ЗАКОН РЕСПУБЛИКИ УЗБЕКИСТАН «О ГАРАНТИЯХ ПРАВ ИНОСТРАННЫХ ИНВЕСТОРОВ И ИХ ЗАЩИТЕ».

27. ЗАКОН РЕСПУБЛИКИ УЗБЕКИСТАН «ОБ ИНВЕСТИЦИЯХ И ПИЕВЫХ ФОНДАХ» ОТ 29 ИЮНЯ 2015 ГОДА.

28. ПОСТАНОВЛЕНИЕ ПРЕЗИДЕНТА РЕСПУБЛИКИ УЗБЕКИСТАН №. ПФ-5495 ОТ 1 АВГУСТА 2018 ГОДА «О МЕРАХ ПО УЛУЧШЕНИЮ ИНВЕСТИЦИОННОЙ СРЕДЫ В РЕСПУБЛИКЕ УЗБЕКИСТАН».

29. ПОСТАНОВЛЕНИЕ ПРЕЗИДЕНТА РЕСПУБЛИКИ УЗБЕКИСТАН О МЕРАХ ПО ДАЛЬНЕЙШЕМУ СОВЕРШЕНСТВОВАНИЮ МЕХАНИЗМОВ ПРИВЛЕЧЕНИЯ ПРЯМЫХ ИНОСТРАННЫХ ИНВЕСТИЦИЙ В ЭКОНОМИКУ РЕСПУБЛИКИ ОТ 29 АПРЕЛЯ 2019 ГОДА №. PQ-4300, 29 АР РЕЛ.

30. ПОСТАНОВЛЕНИЕ ПРЕЗИДЕНТА РЕСПУБЛИКИ УЗБЕКИСТАН «О МЕРАХ ПО СОВЕРШЕНСТВОВАНИЮ СИСТЕМЫ УПРАВЛЕНИЯ В ОБЛАСТИ ИНВЕСТИЦИЙ И ВНЕШНЕЙ ТОРГОВЛИ» ОТ 28 ЯНВАРЯ 2019 ГОДА ПФ-5643 №.

31. ПОСТАНОВЛЕНИЕ ПРЕЗИДЕНТА РЕСПУБЛИКИ УЗБЕКИСТАН ШАВКАТА МИРЗИЕЕВА О СТРАТЕГИИ ДЕЙСТВИЙ ПО ПЯТИ ПРИОРИТЕТНЫМ НАПРАВЛЕНИЯМ ДАЛЬНЕЙШЕГО РАЗВИТИЯ РЕСПУБЛИКИ УЗБЕКИСТАН, ПФ-4947.

32. ЗАЯВЛЕНИЕ ПРЕЗИДЕНТА РЕСПУБЛИКИ УЗБЕКИСТАН ШАВКАТА МИРЗИЕЕВА ВЕРХОВНОМУ АССАМБЛЕЕ О НАИБОЛЕЕ ПРИОРИТЕТНЫХ ЗАДАЧАХ НА 2019 ГОД.// ХАЛГ СОЗИ, 29 ДЕКАБРЯ 2018 ГОДА.

33. МАХМУДОВ Н.М., МАДЖИДОВ Ш.А. ИНВЕСТИЦИОННАЯ ОРГАНИЗАЦИЯ И

34. ФИНАНСИРОВАНИЕ. УЧЕБНОЕ РУКОВОДСТВО. - Т.: ТДИУ, 2010.

35. Н.Г. КАРИМОВ И Р.Х. ХОДЖИМАТОВ: ОРГАНИЗАЦИЯ ИНВЕСТИЦИЙ И
36. ФИНАНСИРОВАНИЕ». УЧЕБНИК.-ТДИУ, 2011.
37. ВАХАБОВ А.В., ХАДЖИБАКИЕВ Ш.К., МУМИНОВ Н.Г. ИНОСТРАННЫЕ ИНВЕСТИЦИИ. УЧЕБНОЕ РУКОВОДСТВО. Т.:«ФИНАНС>>, 2010.
38. 9813. МАМАТОВ Б., ХУДЖАМКУЛОВ Д., НУРБЕКОВ О., ОРГАНИЗАЦИЯ ИНВЕСТИЦИЙ И ФИНАНСИРОВАНИЕ. Т.: «ЭКОНОМИКА-ФИНАНСЫ». 2014-Г.
39. К. ХОДИЕВ, Ш.Ш. ШОДМОНОВ. ЭКОНОМИЧЕСКАЯ ТЕОРИЯ. УЧЕБНИК. 2017 г.
40. ГОЗИБЕКОВ Д.Г. ВОПРОСЫ ФИНАНСИРОВАНИЯ ИНВЕСТИЦИЙ. Т.: ИЗДАНИЕ «ФИНАНС». 2003.
41. ХАЙДАРОВ Н.Х. ПРОБЛЕМЫ СОВЕРШЕНСТВОВАНИЯ ФИНАНСОВО-НАЛОГОВЫХ ОТНОШЕНИЙ В ИНВЕСТИЦИОННОЙ ДЕЯТЕЛЬНОСТИ ПРЕДПРИЯТИЙ В УСЛОВИЯХ ЛИБЕРАЛИЗАЦИИ ЭКОНОМИКИ. ДИССЕРТАЦИЯ НА СТЕПЕНЬ И.Ф.Д. Т.: 2003.
42. СОВЕТСКИЙ ЭНЦИКЛОПЕДИЧЕСКИЙ СЛОВАРЬ. - М.: «СОВЕТСКАЯ ЭНЦИКЛОПЕДИЯ», 1979.
43. ИГОШИНА Л.Л. ИНВЕСТ II. ТРИ. ПОС. - М.: «ЭКОНОМИСТ», 2005.
44. НЕШТОЙ А.С. ИНВЕСТИЦИИ: УЧЕБНИК. – 4-Е ИЗД. - М.: «ДАШКОВ И К0», 2006.
45. СТАРОВЕРОВА Г.С., МЕДВЕДОВ А.Ю., СОРОКИНА И.В. ЭКОНОМИЧЕСКАЯ ОЦЕНКА ИНВЕСТИЦИЙ: УЧЕБНОЕ ПОСОБИЕ. - М.: «КНОРУС», 2006.
46. ПОДШИВАЛЕНКО И ДР. ИНВЕСТИЦИИ: УЧЕБ. ПОС. – 3-Е ИЗД. - М.: «КНОРУС», 2006.